纪念王音旋先生
逝世十周年

王音旋纪念文集

第四卷
图　汇

主　编

刘晓静

分卷主编

宫富艺　高文辛

文化艺术出版社
Culture and Art Publishing House

目　录

前　言

宫富艺 *

　　本卷为《王音旋纪念文集》的第四卷——图汇。本卷主要收录王音旋先生的部分老照片和影印资料,共分六部分,分别为"人生历程""聘书和荣誉证书""师生情长""亲情和友情""工作和生活"以及"教学相关资料";卷末附王音旋先生生平大事记。

　　"人生历程"部分,是对王音旋先生参军、求学、从教、荣休等人生各阶段珍贵照片的搜集与汇总,从中可窥其坎坷峥嵘、孜孜不倦的一生;"聘书和荣誉证书"部分,呈现出王音旋先生广泛的社会影响力和重要的学术贡献;"师

* 宫富艺,男,山东艺术学院音乐学院作曲系教授,《齐鲁艺苑》编辑部原主任。

生情长"部分，则记录了王音旋先生与彭丽媛、王世慧、罗余瑛、韩光霞、张振、贾堂霞等学生们，共度校园生活与共事艺术活动的风采，从中可感受到深厚的师生情谊；在"亲情和友情"部分，珍藏了王音旋先生与家人以及同侪好友的合影，让我们体悟到和睦温馨的家庭氛围与深挚的诤友情谊；"工作和生活"部分，汇集了王音旋先生工作与日常生活的点点滴滴，展现了其投身文化艺术事业的满腔热忱与珍视友谊、热爱生活的品质和面貌；"教学相关资料"部分，为我们展示了王音旋先生力学笃行、严谨求实的教学工作作风。

翻阅着一幅幅镌刻着岁月印痕的珍贵照片与影印资料，我们不仅领略了王音旋先生荣光满路的艺术生涯，同时还体会到她对爱人、亲人、友人、学生的真挚情感，为我们展现了她丰富多彩且情真意笃的人生经历。

斯人已逝，浩气长天。虽然王音旋先生已经离开我们十个年头，但是她一生为齐鲁大地歌唱，为人民培育出一批批优秀民族声乐人才的长情事迹从未被我们忘却。编纂本卷的目的，不仅是全方位地、生动形象地记录与呈现历史，更希望以此光大先生的人格魅力及艺术成就，以飨后人瞻仰与缅怀。

2023 年端午于山东艺术学院文东校区

人生历程

1936 年，王音旋先生出生于山东青州的一个革命家庭。她年幼时目睹山河破碎，饱受流离之苦，不满豆蔻即投笔从戎，在解放战争和抗美援朝战争的炮火与硝烟中婉转而歌，劳军慰问，人称"军中百灵"。从群众中来，为群众而歌，在她的歌声中，我们听到了老一辈艺术家对祖国和人民唱不尽的眷恋与最深沉的爱。她对工作精益求精，与爱人相濡以沫、对子女温暖呵护、与朋友肝胆相照、对学生关怀备至、与群众打成一片，是老一辈艺术家伟大人格与高尚精神的典型代表。

1948 年，12 岁的王音旋参加中国人民解放军，在渤海军区文工团从事革命文艺工作

1948 年，12 岁的王音旋

1950 年，王音旋（右）与山东军区
政治部文工团同事一起演唱

1950 年，王音旋（左三）与山东军区政治部文工团同事一起演唱

1953 年，王音旋在朝鲜慰问中国人民志愿军

1953 年，王音旋（二排右三）在朝鲜慰问中国人民志愿军

人生历程

1955 年，身着军装的王音旋

1956 年，王音旋第一次扛上"文艺
战士专用肩章"

20 世纪 60 年代，王音旋（后排右二）与同事合影

人生历程

上海声乐研究所第一期合

1953—1957 年，为提高演唱水平，王音旋分赴天津音乐学院、上海音乐学院等进修学习。
1957 年，王音旋（三排左十）在上海声乐研究所第一期学习结束时与全体教师及学员合影

20 世纪 60 年代，王音旋在济南
大明湖畔留影

20 世纪 70 年代，王音旋常随爱
人金西赴山东各地采风，留下了
很多珍贵的回忆

20 世纪 70 年代，王音旋（后排右二）与山东省五七艺术学校的同事与学生赴某部队驻地学军

20 世纪 70 年代，王音旋（前排左一）与山东省五七艺术学校的同事与学生赴某部队驻地学军

20 世纪 80 年代，王音旋在家中和来访人员进行交流

王音旋在山东艺术学院工作期间的
系列证件照

山东省音乐家协会第五次会员
代表大会代表证

20 世纪 90 年代，王音旋在山东艺术学院家中留影

人生历程

20 世纪 90 年代，王音旋在山东艺术学院家中留影

1996 年离休后，王音旋外出游玩时留影

996 年离休后，王音旋在济南泉城广场留影

1996 年离休后，王音旋在济南大明湖月下亭前留影

2008 年，王音旋参加山东艺术学院建校 50 周年校庆活动时留影

聘书和荣誉证书

王音旋先生怀着对山东这方土地和这方人的深沉爱恋，坚定不移地走在民族音乐发展的道路上。其高超的专业水准、严谨的工作作风、无私的奉献精神，在弘扬民族声乐、彰显山东风格的道路上，起着重要的奠定、引领和推动作用，也收获了众多荣誉。

聘　　书

鲁教聘字 043 号

王青旋同志：

　　兹聘请您为山东省高等学校教师职务

高级评审委员会第一届学科评议组成员。

山东省高等学校
教师职务高级评审委员会
一九八六年十月四日

1986 年，山东省高等学校教师职务高级评审委员会第一届学科评议组成员聘书

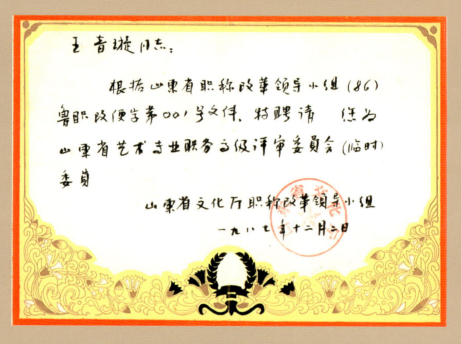

王青璇同志：

根据山东省职称改革领导小组（86）鲁职改便字第001号文件，特聘请　您为山东省艺术专业职务高级评审委员会（临时）委员

山东省文化厅职称改革领导小组
一九八七年十二月二日

1987 年，山东省艺术专业职务高级评审委员会（临时）委员聘书

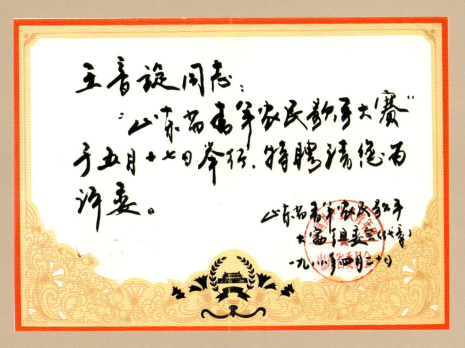

1988 年，"山东省青年农民歌手大赛"评委聘书

特聘請

著名歌唱家,声乐教授
王音旋为我团高级艺术
顾问.

潍坊市歌舞团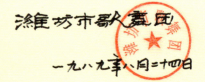

一九八九年八月二十四日

1989 年，潍坊市歌舞团高级艺术顾问聘书

聘　请

王音旋 同志为一九八九年"济南军区业
余歌手比赛"评委.

济南军区政治部文化部

一九八九年五月

1989 年，"济南军区业余歌手比赛" 评委聘书

王音旋同志

聘请您为全国部分省市"浪潮杯"青年歌手电视邀请赛评委

中国音乐家协会山东分会社会音乐委员会
济南市文学艺术界联合会
济南电视台
济南音乐家协会
浪潮电子信息产业集团公司

一九八九年十月

1989 年，全国部分省市"浪潮杯"青年歌手电视邀请赛评委聘书

王音旋同志：

　　　兹聘请您为省直艺术表演团体青年演员比赛舞蹈声乐专业组评委。

山东省文化厅
一九九〇年十二月

1990 年，山东省省直艺术表演团体青年演员比赛舞蹈声乐专业组评委聘书

1990 年，山东省高等学校音乐教育学会顾问聘书

聘　書

王晋璇同志：

聘请你为全国农民歌手邀请赛评奖委员会委员。

一九九○年一月

1990 年，全国农民歌手邀请赛评奖委员会委员聘书

1993年，山东省群众文化专业职务高级评审委员会委员聘书

1993年，山东省群众文化专业职务中级评审委员会委员聘书

王音璇同志：

经省人事厅批准，兹聘请您为山东省艺术专业职务高级评审委员会委员。

山东省文化厅
一九九三年十二月

1993 年，山东省艺术专业职务高级评审委员会委员聘书

聘 书

王音璇同志：

经山东省音乐家协会第五届主席团第一次会议研究决定：聘请您为山东省音乐家协会第五届顾问。

山东省音乐家协会

二〇〇三年十月

2003 年，山东省音乐家协会第五届顾问聘书

献给共和国创立者勋章（1949—1999）

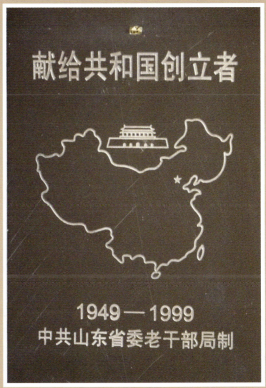

功勞證

部別 山東軍區政治部文工團

職別 團員

姓名 玉音旋

中國人民
解放軍 華東軍區政治部製

中國人民
解放軍 山東軍區政治部翻印

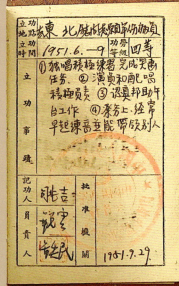

立功地點	華東 北歐傷兵顧訪傷兵團		
立功時間	1951.6.—9	功勞等級	四等
立功事蹟	①獨唱積極練習完成笑南任務。②演員和配唱積極負責 ③認真邦助午臺工作 ④業務上，經常早起練音並能帶領別人		
記功人員責人	姚吉 鍛雲 黃延民	批准機關	1951.7.29.

立功地點	山東軍收文工團		
立功時間	一九五二年十一月	功勞等級	學習三等功
立功事蹟	一、學習態度積極正確完成學習任務，苦心鑽研超額地完成同人計劃制得了優良的成績為全班第一名。二、任互助組長責任心遠利正個跳志不正確的學習態度督促於本球同展小組努助。三、課餘時間亦曾于學習其他紀律軍事業之四積極地完成其業務工作。		
記功人員責人	席承訓	批准機關	軍區政治部 祈閱麥老会.

20 世纪 50 年代，中国人民解放军华东军区政治部颁发的功劳证

奖　状

王音旋同志一九七七年度被评为先进工作者，希继续努力，做出更大的成绩。

山东省五七艺术学校
一九七八年二月

1978年，王音旋被山东省五七艺术学校评为先进工作者

奖状

王音璇同志 1978 学年工作积极，成绩优良，被评为先进工作者，特发此状，以资鼓励。

山东省艺术学校
1979年1月20日

1979 年，王音旋被山东省艺术学校评为先进工作者

王 音 璇 同志建国以来，特别是党的十一届三中全会以来，在文化艺术工作中做出突出贡献。省人民政府决定，予以通令嘉奖。

一九八九年十月十九日

1989 年，因在文化艺术工作中贡献突出，王音旋获山东省人民政府通令嘉奖

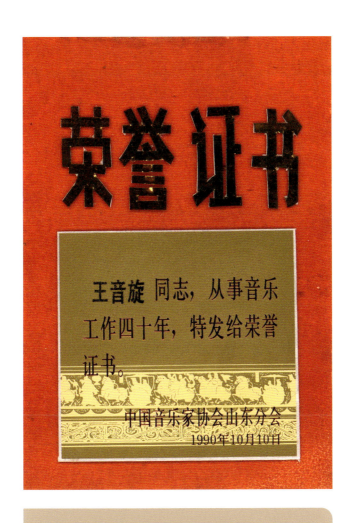

荣誉证书

王音旋 同志，从事音乐工作四十年，特发给荣誉证书。

中国音乐家协会山东分会
1990年10月10日

1990 年，中国音乐家协会山东分会授予王音旋从业四十年荣誉证书

授予：

　　王音旋同志全国文化
系统先进工作者称号。

一九九一年十一月

1991 年，王音旋获文化部、人事部联合授予的全国
文化系统先进工作者称号

证　书

王音旋同志：

　　为了表彰您为发展我国**文化艺术**事业做出的突出贡献，特决定从一九九三年十月起发给政府特殊津贴并颁证书。

政府特殊津贴第(93) 9370628号　　　　　　　一九九三年十月八日

国务院

1993 年，国务院颁发政府特殊津贴证书

荣誉证书

王音旋同志从事教育工作30年，特发此证，以资鼓励。

山东艺术学院
二〇〇四年九月十日

2004年，山东艺术学院授予王音旋从事教育工作30年荣誉证书

师生情长

桃李不言，下自成蹊。王音旋先生在山东艺术学院从事声乐教育工作的几十年中，培养了众多优秀且著名的民族声乐人才，对山东民歌的发展和普及做出了巨大贡献，为山东民歌产生全国性影响发挥了重要作用。

王音旋与学生时代的彭丽媛

王音旋指导彭丽媛演唱

王音旋与学生时代的彭丽媛

1986 年，王音旋与彭丽媛在家中合影

1996 年，王音旋与彭丽媛在家中合影

1998年，山东艺术学院建校40周年校庆期间，王音旋（中）和彭丽媛（左）一起接受媒体采访

1998年，山东艺术学院建校40周年校庆期间，王音旋（中）在家中和彭丽媛（左）、李斌（右）合影

1998 年，山东艺术学院建校 40 周年校庆期间，王音旋与回母校参加庆典的彭丽媛合影

师生情长

1998 年，王音旋与彭丽媛在山东艺术学院合影

1998 年，王音旋（中）与彭丽媛（右）、金西（左）在山东艺术学院合影

1998 年，王音旋（左）与彭丽媛（中）及王修智（右）亲切交流

师生情长

1998 年，王音旋与彭丽媛参加
山东电视台录制的校庆节目

1998 年，山东艺术学院建校 40 周年校庆，王音旋与彭丽媛演出后合影

师生情长

2002 年，山东艺术学院聘请彭丽媛为客座教授，王音旋（中）与彭丽媛（左）、王世慧（右）合影

2002 年，王音旋与彭丽媛亲切交谈

2002 年，在山东艺术学院聘请彭丽媛为客座教授的仪式上，王音旋与彭丽媛在主席台留影

师生情长

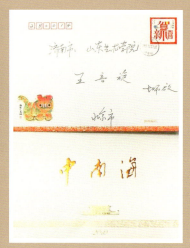

每逢佳节，彭丽媛经常以书信与贺卡形式给王音旋送去祝福

王音旋（上中）、彭丽媛（左）王世惠（下）罗余英（右中）庄惠英（右

摄影：李忠民

20 世纪 80 年代，杂志刊载《王音旋和她的学生们》

1984 年，王音旋与学生罗余瑛毕业
合影

1984 年，王音旋（前中）与学生战梅（左一）、王世慧（左
二）、罗余瑛（右一）合影

20 世纪 80 年代，王音旋给贾堂霞指出演唱中的问题

20 世纪 80 年代，王音旋给贾堂霞做示范演唱

20 世纪 80 年代，王音旋（中）为贾堂霞（左）授课

20 世纪 90 年代，王音旋与学生张振合影

20 世纪 90 年代，王音旋指导张振演唱

20 世纪 90 年代，王音旋（右）、金西（左）与张振（中）合影

20 世纪 90 年代，王音旋与张振合影

师生情长

1998 年，王音旋（中）和彭丽媛（右）、罗余瑛（左）合影

1998 年，王音旋和罗余瑛合影

21 世纪初，王音旋与学生韩光霞合影

21 世纪初，王音旋与学生贾堂霞合影

师生情长

21 世纪初，海报上展示王音旋和她的优秀学生们

亲情和友情

王音旋先生和金西先生是一对音乐伉俪，王音旋崇敬爱人金西先生，并奉为良师益友。他们相濡以沫、与人为善、甘于奉献，在做人、做事和做学问方面，留下了宝贵的精神财富。

20 世纪 40 年代末，年轻的于音旋与佘西

20 世纪 50 年代，王音旋与金西合影

1957 年，王音旋与金西的结婚纪念照

結　婚　証

字第　0951号

王音旋　女 21岁

金　　西　男 22岁　　自愿

結婚，经审查合于中华人民共和国婚姻法关于結婚的规定，发給此証。

1957年 6月 4日

1957年，王音旋与金西的结婚证

20 世纪 60 年代，王音旋（二排中）、金西（二排右一）与家人合影

20 世纪 60 年代，王音旋、金西及儿子合影

20 世纪六七十年代，王音旋与家人合影

20 世纪六七十年代，王音旋、金西及儿子合影

20 世纪六七十年代，王音旋与儿子合影

20 世纪六七十年代，王音旋与金西在大明湖畔游览留念

20 世纪 80 年代，王音旋与金西在家中合影

20 世纪 90 年代，王音旋与金西在家中合影

20 世纪 90 年代，王音旋与金西外出游览合影

20 世纪 90 年代，王音旋与金西在
济南泉城广场合影

20 世纪 90 年代，王音旋、金西与
孙子合影

20 世纪 90 年代，王音旋、金西与
孙子合影

20 世纪 90 年代，王音旋（中）回老家潍坊青州探亲与亲人合影留念

20 世纪 90 年代，王音旋（中）回老家潍坊青州探亲与亲人合影留念

1992 年，王音旋（右二）与家人合影

1995 年，王音旋（右一）与家人合影

1996 年，王音旋（右）与姐姐（中）、夫妹（左）在家中合影

20 世纪 90 年代末，王音旋（前排左）赴上海探亲留念

20 世纪 70 年代，王音旋（前排右一）赴外地招生合影

20世纪80年代，王音旋（前左）与同事朱德九（前右）、学生罗余瑛（后左）、丁波（后右）外出交流学习间隙合影留念

亲情和友情

20 世纪 80 年代，王音旋（前排右三）与山东艺术学院同事外出工作间隙合影

20 世纪 80 年代，王音旋（前排左一）与山东艺术学院同事外出工作间隙合影

21世纪初，土音旋（中）与张志民（左）、郭跃进（右）在家中合影

亲情和友情

2006 年，王音旋（前中）与李百华（右一）、王可（左二）、王贤志（左一）合影

2011 年，任运河（左）、张志民（右）去医院探望王音旋（中）

工作和生活

王音旋先生不仅为我国民族声乐和音乐教育事业做出了杰出的贡献，作为山东艺术学院教授、山东省音乐家协会副主席，她对山东乃至全国文化艺术事业的发展也起到了积极的推动作用。她结识、团结、培养了一批志同道合的优秀同人，在民族艺术复兴的康庄大道上勠力奋斗，砥砺前行。

1960 年 7 月，王音旋（二排左四）与金西（前排右七）一同作为山东代表出席全国职工文艺会演。这是山东省代表团全体演职人员的合影

20 世纪 60 年代，王音旋（二排右七）、金西（三排左九）参加全省会演期间在济南南郊宾馆俱乐部合影

1979 年，王音旋（前排右三）及同事与山东艺术学院音乐系首届本科毕业生合影

1980 年，王音旋（前排右一）与彭丽媛（二排右一）作为山东代表队成员赴京参加全国民歌调演，代表队部分成员合影留念

1980 年，王音旋（前排左四）与彭丽媛（前排左三）作为山东代表队成员赴京参加全国民歌调演，代表队成员合影留念

20 世纪 80 年代，王音旋（后排右一）、金西（前排右三）参加中国音乐家协会山东分会音乐理论研讨会时合影留念

1980 年，王音旋（后排左二）参加中国音乐家协会山东分会第二次会议时合影留念

20 世纪 80 年代，王音旋（前排右七）、金西（前排左五）参加中国音乐家协会山东分会第三次会员代表大会时合影

工作和生活

20 世纪 80 年代，王音旋（前排左三）、金西（前排左二）参加中国音乐家协会山东分会
会议时合影

20 世纪 90 年代，王音旋（前排右二）、金西（前排中）参加山东文联会议时合影

20 世纪 90 年代，王音旋（左二）与友人合影

工作和生活

20世纪 90 年代，王音旋（右二）与战友合影

20 世纪 90 年代，王音旋（后排右一）、金西（后排中）与友人合影

21 世纪初，王音旋（中）与来访客人亲切交流

1990 年，王音旋参加中国革命老区沂蒙"兰山杯"民歌演唱会的纪念石碑

1980 年，中国音乐家协会山东分会颁发的会员证

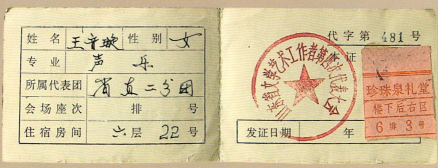

姓 名	王音璇	性 别	女
专 业	声 乐		
所属代表团	省直二分团		
会场座次	排 号		
住宿房间	六层 22 号		

代字第 481 号

发证日期　　　年

珍珠泉礼堂
楼下后右区
6排3号

山东省文学艺术工作者第四次代表大会代表证

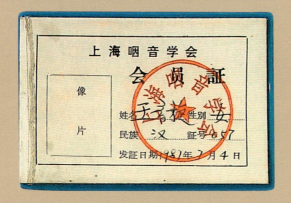

1987 年，上海咽音学会颁发的会员证

音乐著作权合同

甲　方：王音旋
地　址：济南文化东路91号 山东艺术学院　　　，和
乙　方：中国音乐著作权协会，地址：北京市东四南大街85号，
于 2001 年 1 月 3 日达成协议如下：

一、甲方同意将其音乐作品的公开表演权、广播权和录制发行权授权乙方以信托的方式管理。

二、甲方保证享有授权乙方管理的权利。

三、甲方承认乙方章程；乙方保证根据章程使用甲方授权的权利得到尽可能有效的管理。

四、乙方对甲方权利的管理，指同音乐作品使用者商谈该使用条件并发放音乐作品使用许可证，征集作品的使用情况，向使用者收取使用费，根据使用情况向甲方分配使用费。上述管理活动，以乙方名义进行。

五、本合同第一条所称的音乐作品，指甲方现有和今后持有的作品。

六、甲方应将授权乙方管理的音乐作品向乙方登记，并为此填写由乙方提供的作品登记表。

七、本合同不影响甲方在本合同签定之日前与第三方建立的著作权关系。

八、本合同不妨碍甲方行使其音乐作品的首次使用权。

九、如果甲方提出要求，乙方可就甲方录制发行权的具体管理与甲方协商。

十、乙方为有效管理甲方授权的权利，有权以自己的名义向侵权者提起诉讼。双方另有约定的除外。

十一、乙方可授权海外同类组织在海外管理甲方授权的权利。

十二、乙方管理甲方授权的权利带来的收益，应按照乙方的章程每年两次向甲方分配。

十三、本合同有效期为三年。至期满前 60 天甲方未提出书面异议，本合同自动续展三年。之后亦照此办理。

十四、甲方有权通过终止本合同收回授权乙方管理的权利，但应在乙方收到甲方书面通知一年后生效。

十五、本合同的变更及其他未尽宜，由双方另行约定。

十六、本合同自双方签字之日起生效。

十七、本合同一式两份，双方各执一份为凭。

甲方：王音旋　　　　　　　乙方：中国音乐著作权协会
（个人/法人代表签字）　　　王立平
　　　　　　　　　　　　　（法人代表签字）

（印章/公章）　　　　　　　（公章）

签字日期：2001年3月12日　　　签字日期：2001年1月3日

地址：济南文化东路91号
　　　山东艺术学院

电话：（0531）6418082　邮编：250014

2001 年，王音旋与中国音乐著作权协会签署"音乐著作权合同"

以实际行动向祖国汇报
——记王音旋同志精彩人生

本书图文并茂，每人需专版设计，请寄3—5幅照片。

　　王音旋　女，汉族，1936 年 1 月出生，山东青州人，1948 年参加中国人民解放军，中共党员，曾任职于山东艺术学校。

　　主要业绩： 著名歌唱家、教育家、山东艺术学院声乐教授、研究生导师，曾任声乐教研室主任、音乐系副主任、中国音协会员、山东音协副主席、全国民族声乐学会理事、中国唱音学会理事；1948 年参加中国人民解放军，从事声乐工作，曾在天津音乐学院、上海声乐研究所进修声乐专业；1958 年转业到山东省歌舞团；1964 年调山东艺术学校从事声乐教学工作，四十八年来，在演唱教学方面取得显著成绩，为电影《苦菜花》、《红日》、《大浪淘沙》等配唱的插曲及演唱的《我的家乡沂蒙山》、《清蓝蓝的河》、《红花朵朵献雷峰》、《请到沂蒙看金秋》等歌曲广为流传，并录制了多种个人专题唱片、合带。在民族声乐教学方面培养出了全国著名的歌唱家彭丽媛，在全国、华北和本省获高奖的歌唱家王世慧、罗余瑛、及战梅、韩光霞、张振等一批优秀的歌坛人才，发表了《民族声乐教学的体会》、《民族声乐教学中喉音的运用》等多篇论文及《民族声乐教材》。为表彰她在声乐事业上的突出贡献，1989 年被山东省政府通令嘉奖，1989 年文化部授予尖子人才称号，1991 年获全国文化系统先进工作者称号，1993 年国务院授予政府特殊津贴，个人小传已编入《歌坛人物》一书。王音旋同志在战火纷飞和白色恐怖的岁月里，为了民族的独立和人民的解放，为建立新中国，将个人生死置之度外，毅然投身于革命的滚滚洪流中。参加革命后，认真遵守各项纪律，一切听从领导指挥，服从组织安排，迅速成长为一名合格的革命战士，为推翻三座大山建立共和国立下了功劳。建国后，为了保卫国家安全和人民幸福，为了祖国的强盛和繁荣，仍然一如既往地奉献出了自己的光和热。该同志爱憎分明，廉洁奉公，为人正直，处事公道，在被党培养、提拔担任了一定职务的领导干部后，更是以身作则，吃苦在前，享受在后，一身正气，两袖清风，保持和发扬了党的优良传统，始终善于领会党的各项指示精神，毫不动摇地贯彻执行党的路线方针政策，时刻同党中央保持高度一致，多次受到上级的表扬和奖励。业绩曾入编《青州英才遍天下》等地方性书籍。

校审人：＿＿＿＿＿＿　　校审日期：＿＿＿＿＿＿　　电话：＿＿＿＿＿＿

★建国 65 年献礼出版物《中华英贤》的征稿主题是传递正能量、唱响正气歌，留下您的精神财富传于后世，这既是责任，又是光荣。★以上业绩样稿可根据您的最新情况予以修改、补充或更换。★《共和国 65 年优秀学术成果选集》同时征稿，欢迎积极投稿。★责任编辑：朱芥花，不明事宜致电：010-57282558。

实干兴邦

中华人民共和国成立 65 周年献礼出版工程——中华英贤（征求意见稿）——《以实际行动向祖国汇报——记王音旋同志精彩人生》

教学相关资料

字斟句酌细推敲，拈精撮要费咀嚼。王音旋先生作为著名的声乐教育家，其卓越的教学水准源自她孜孜不倦地潜心钻研。她在深入民间、扎根乡土的基础上，广泛收集各类声乐资源，包括各地民间歌曲与民族风格创作歌曲、全国各音乐院校的声乐教材、外国音乐选集等，并坚持学习西方语言与演唱方法，适时进行理论总结，最终形成了独具特色的教学体系，滋养、激励了一代又一代学子，在民族声乐的道路上勇往直前。

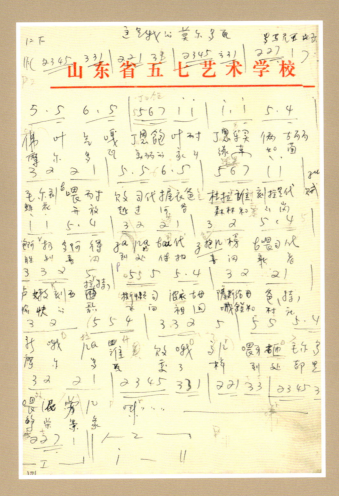

罗马尼亚民歌《这是我的莫尔多瓦》

歌曲《燕子》

1. 7 7 7 65 6 | 5 — 5 — ‖ 5 — 5 — ‖
棚 里 棚 叶中　　那 加　　　那 加

歌曲表达了一位姑娘思念爱情，她以悲切的
去追白帆，等待的叫唱道：

亲爱的人儿，无论你什么时候回来，我将永远
把你等待。

艺术歌曲《紫罗兰》

atempo

o-do-ro-se vi-o-let-te, vi-o-lette grazi-o
芳香馥郁，紫罗兰花,紫罗兰花高贵典雅,紫罗兰花高贵典

se,
雅，

voi vi-sta-te ver-go-gno-se
含羞芳姿婷婷玉立

mez-zo asco-se
半隐半现

mez-zo asco-se fra le fo-glie, e gri-da-te le mie vo-glie che son troppo ambizi-
若显若芷收敛欲望,是在自责,约束需求,怎能过份索取

o-se.
奢望

e gri-da-te le mie vo-glie che son troppo son
是在自责约束需求,怎能过份

troppo ambizio-se
过份索取奢望

Ru-gia-do-se o-do-ro-se
晶莹露珠,芳香馥郁,

vi-o-lette, vi-o-lette, grazi-o-se, rugia-do-se,
紫罗兰花,紫罗兰花高贵典雅, 晶莹露珠

o-do-ro-se, vi-o-lette, vi-o-lette grazi-o-se, vi-o-lette, vi-o
芳香馥郁,紫罗兰花,紫罗兰花高贵典雅,紫罗兰花、紫罗

let'te grazi-o - - - se! se!
兰花 高贵典 雅

歌曲《红豆曲》《没有强大的祖国，哪有幸福的家》《兰花花》

意大利歌曲

王音旋

1993. 2. 19

意大利歌曲笔记

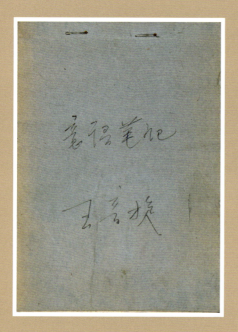

意语笔记

句型 (Formule)
一 课文 (Testo)
例如 Questo è...!
Questo è un banco. 这是一张课桌
Questo è un albero. 这是一棵树
Questo è uno zaino. 这是一只双背包 背袋
Questo è un quaderno. 这是一本练习本 笔记本
Questo è uno specchio. 这是一面镜子
例如 Questa è.....
Questa è una sedia. 这是一把椅子
Questa è una matita. 这是一只铅笔
Questa è un'aula. 这是一间教室
Questa è una penna 这是一只钢笔
Questa è una gomma. 这是一块橡皮
Questa è una biro. 这是一棵柱子
例如 Quello è....
例如 Quella è...。

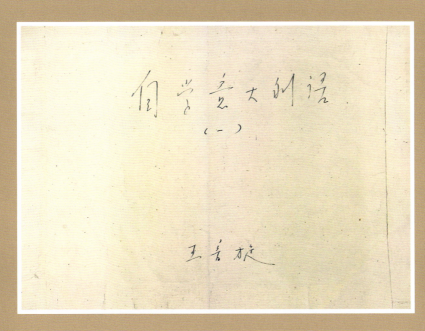

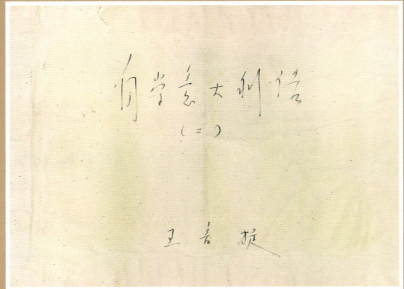

自学意大利语

王音旋 同志,于一九八五年十月至一九八七年元月,在我校

意大利语 班学习,总学时 300 个,修业期满,成绩及格,准予结业。

济南市职工业余科技大学

校长　　　　年　月　日

编号：

济南市职工业余科技大学意大利语班结业证

济南市职工业余科技大学

学 习 成 绩 单

班 名: 意大利语班　　　　　　　　填写日期 87 年 元月 6 日

姓　名	王音旋	性别	女	年龄	51	文化程度	大专
职　称	副教授	入学时间	1985年10月18日	结业时间	1987年元月4日		
单　位	山东艺术学院	通讯地址					

学 习 成 绩

顺序号	课　　程	学时数		考试成绩	任课老师	备注
		讲课	实验			
	意大利语教程	300学时		80	刘淑明	

总 学 时 数	300学时	共几学期	两个学期

学校鉴定:

　　　　　　　　　　　　　　　　　准予结业!

　　　　　　　　　　　　　　　　　87 年 元月 16 日

济南市职工业余科技大学意大利语班成绩单

山东艺术学院

转发山东省教育厅"关于刘鲁生等十三名同志

提升为副教授的通知

山艺委知字（81）第07号

本院各系科、机关各处室：

现将山东省教育厅（81）鲁教人字41号"关于刘鲁生等十三名

同志提升为副教授的通知"转发如下：

经研究同意：

刘鲁生、张彦青、赵玉琢、戴树屏、王兴覆、黄凌、王音旋、

郭承新、薛奇峰、朱德九、程慰世等十一名同志提升为副教授。

呈报提升管理副教授的李新学、兰瑛两同志提升为副教授。

中共山东艺术学院委员会

1981年10月10日

抄报：山东省教育厅、山东省文化局。

王音旋 1987.3月正式批准为正教授。

1981 年，王音旋晋升副教授的通知

山东艺术学院

王音旋优秀教学成果简况

王音旋（女）山东艺术学院声乐教授，任职期间，坚持四项基本原则和改革开放，教育思想端正，忠于党的教育事业，教书育人，为人师表，自1978年至1988年以来，培养了一批优秀的演唱人才，不少学生在全国、华东及省级比赛中获奖，教学成绩突出，连续三年满教学小量。

彭丽媛（80年毕业生）

1979年山东省教育会议中担任演唱节目奖。

1980年在《在战期间》在全国汇报会任会议中担任演唱优秀节目，轰动北京，得到社会与各界好评的一致赞誉，许多报刊、电台、电视台向全国介绍；参加中央组织的演出汇报表现突出，并随中国歌舞艺术团出访北欧三国，回国后担起赴奥地利等以参加花年世界音乐节；出席山东省四次文代会，以推动全国音乐的教育新局。

王世慧（80年毕业生）（85年进修班）

1980年在战时进修期间参加省电视大奖赛获第三等奖，并对...

山东艺术学院

她进一步勤奋加以引导学习，并荣幸保送中央电视台，参加铜比赛，取得优异成绩，获三等奖。

1985年在战时在担任教学期间，福以东明之歌小音乐声乐三等奖。

1986年参加华东文南一带及社会演唱一等奖。

罗东璎（1984年毕业生）

1984年毕业后，参加省电视大奖赛获第一等奖。

1986年参加华东文南一带及社会演唱一等奖。

庄惠英（1984年进修生）

1984年在战时进修期间，参加省电视大奖赛获三等奖。

韩光毅（1984年毕业生）

1984年11月参加全国艺术院校产品比赛获段初奖。

战梅（1988年毕业生）

1988年12月参加全省声乐比赛产品比赛获第一名。

山东艺术学院

撰写《对民族声乐教学的点果体会》等论文，发表在《音乐生活》，编辑乐器乐教产品教材二册。

83年由中国唱片就盾制了个人专题《唱片三张，盒式四集，许多报刊以及电台、电视台对王音旋教学和演唱上的情况进行了介绍。小传已编入《山东音乐人物》一书。

王音旋
1989.3.8.

综合音乐会上，石淑菊（左）、王音旋（中）、高薇薇（右）和省歌舞团女声小合唱队在演出。　　　　摄影：天虹

1981 年 6 月 28 日，《泉城之秋》刊登王音旋演出照片

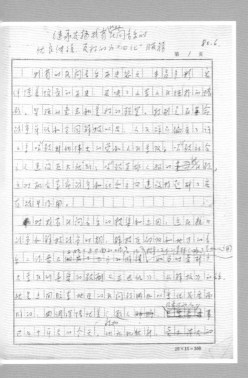

1980 年 6 月,金西先生手稿《继承发扬我省民族民间音乐的优良传统,更好的为"四化"服务》

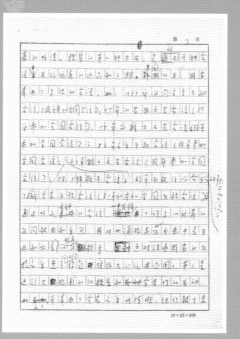

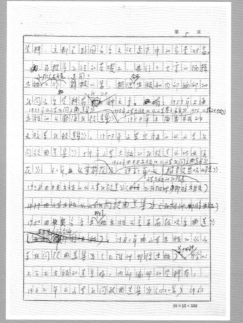
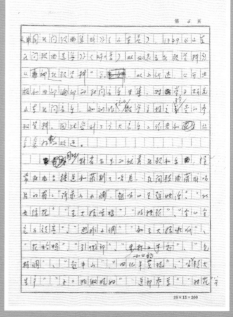

1980年6月，金西先生手稿《继承发扬我省民族民间音乐的优良传统，更好的为"四化"服务》

教学参考教材《声乐教材》

歌 剧 系

声乐教材

第一册

中国音乐学院

81.12.

送于彩云王老师惠存.

目 录

教学参考教材《声乐教学曲选》

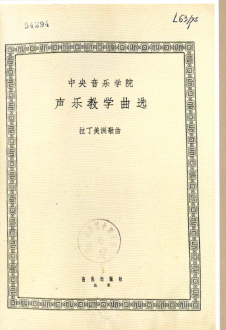

L63/ps

中央音乐学院

声乐教学曲选

拉丁美洲歌曲

音乐出版社
北京

教学参考教材《苏联歌曲新编》《柴科夫斯基独唱歌曲选》

山东民歌教材
—附部份改编创作歌曲—

目 录

教学参考教材《山东民歌教材》及目录

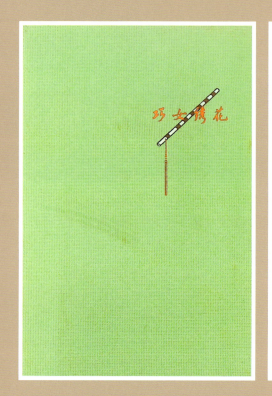

教学参考教材《巧女绣花》

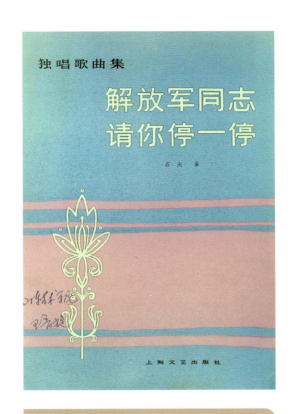

教学参考教材《解放军同志请你停一停》

教学参考教材《世界著名独唱歌曲集》（Ⅰ、Ⅱ）

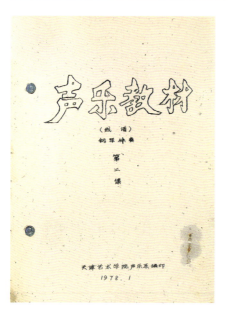

教学参考教材《声乐教材》（第二集）、《声乐教学曲选》（第十二集）

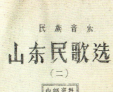

民族音乐
山东民歌选
(二)

内部资料
切勿外传

山东省五七艺术学校音乐科
音乐理论组编印
—1977·7—

目录

教学参考教材《山东民歌选》(二)及目录

"泉城之秋"音乐会

演唱歌曲之二

山东艺术学院

华东六省一市民歌会演

预选民歌材料

山东艺术学院
1986.3.13

教学参考教材《"泉城之秋"音乐会演唱歌曲之二》《华东六省一市民歌会演预选民歌材料》

教学相关资料

教学参考教材《音乐资料》（第1辑）及目录

教学参考教材《部分省、市、自治区民族民间唱法独唱二重唱会演歌曲》及目录

部分省、市、自治区民族民间唱法
独 唱 二 重 唱 会 演

歌　　曲

山东省代表队
1980年3月

目　　录

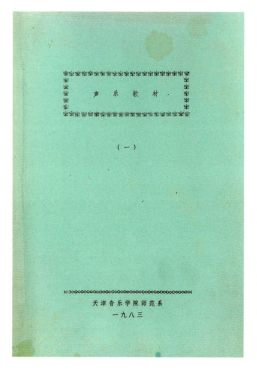
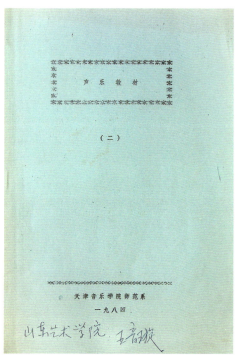

教学参考教材《声乐教材》（一、二）

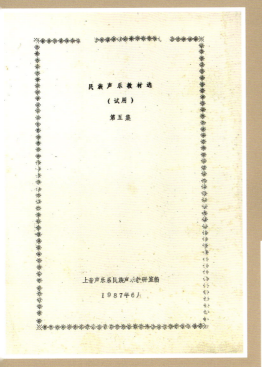

民族声乐教材选

（试用）

第七集

上音声乐系民族声乐教研室编

1990年6月

教学参考教材《民族声乐教材》
（第三集）及目录

民族声乐教材

第三集

上海音乐学院
1985.2

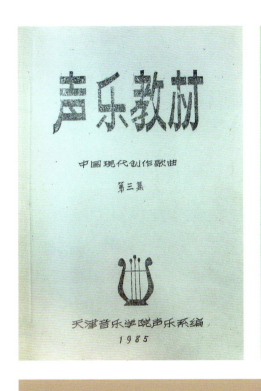

教学参考教材《声乐教材 中国现代创作歌曲》（第三集）、《淄博市民歌手演唱曲目》

教学相关资料

教学参考曲谱《家乡的河　母亲的河》

教学参考曲谱《高山上的百灵鸟》

山东艺术学院音乐系声乐专业教学计划进程表（1981 年 12 月）

山东艺术学院音乐系声乐专业教学方案（1981 年 12 月修订稿）

学年	学期	课堂讲授	课堂实践	考试	考查、考试课准备	机动	实践教学	每学年合计
第1学年	上学期	13	2	2	0.5	2	11	52
	下学期	17	2		0.5			
第2学年	上学期	17	2		0.5	2	11	52
	下学期	17	2		0.5			
第3学年	上学期	17	2		1	1	11	52
	下学期	10	2		8			
第4学年	上学期	17	2		1	1	11	52
	下学期	8	2		10			
分周合计		118	16	2	22	6	44	208

每周课内课外总学时数不得超过50学时。

要保证学生有足够的睡眠时间（每天不少于八小时）和体育活动时间（每天下午应有一学时体育活动）。

三、课程设置

（一）政治课
1. 中共党史　　　　　学一年　　　64学时
2. 政治经济学　　　　学一年　　　68学时
3. 哲学　　　　　　　　　　　　　　学时
4. 政治思想教育　　　每周讲0.5学时，可根据需要集中成分散使用

（二）文艺史论课
1. 艺术概论　　　　　学一年　　　68学时
2. 中国音乐史　　　　学一年　　　59学时
3. 外国音乐史　　　　学一年　　　50学时

（三）专业基础课
1. 视唱练耳　　　　　学二年　　　196学时
2. 乐理　　　　　　　学一年　　　64学时

3. 和声　　　　　　　学一年　　　68学时
4. 民族民间音乐　　　学二年　　　132学时
5. 音乐名作　　　　　学二年　　　122学时
6. 作曲　　　　　　　　　　　　　34学时
7. 作品分析　　　　　学一年　　　59学时
8. 钢琴　　　　　　　学三年　　　93学时
9. 手风琴　　　　　　学一年　　　25学时
10. 表演　　　　　　　学二年　　　244学时
11. 正音　　　　　　　学一年　　　64学时
12. 形体训练　　　　　学一年　　　64学时
13. 化妆　　　　　　　学半年　　　34学时

（四）专业课
1. 声乐　　　　　　　学四年　　　236学时
2. 合唱　　　　　　　　　　　　　156学时
3. 排练（小唱、小合唱、表演唱等）学三年　243学时

（五）文化、体育课
1. 文学选读　　　　　学一年　　　68学时
2. 外国语　　　　　　学二年　　　132学时
3. 体育　　　　　　　学二年　　　132学时

（六）讲座
为了培养学生进行学术研究的能力，扩大学生的知识领域，于第三至第八学期内分别为学生增开，选读若干讲座，由专题讲，不计学时。

四、专业实习和科学研究

组织学生深入人民群众和各种艺术实践中去进行艺术实践（演出、采风、创作等），促进学生与工农兵相结合，增进工农兵感情，锻炼艺术专业创作技能。加强理论与实际的结合，专业实习于第一、二学年段可与生产劳动的结合安排，也可视情况分别安排。每年5时间一至

二周。三、四年级的于下学期对学校教学统一安排，第六学期安排八周，第八学期安排十周，共约十八周。

高年级的学生结合专业增点进行一学期科学研究活动，鼓励为学生独立思考，培养个人作为科研的学习方法，对三年级、四年级的学生将结合专业课布置基础课的教学，在教师指导下进行一定的科研训练。

五、军事训练与生产劳动

在高等艺术大学校中进行军事训练，组织学生参加校外基建工农业生产劳动或公益劳动，是培养学生的共产主义道德品质教育，培养学生无产阶级的世界观、劳动观、群众观点，加强学生的组织纪律性的重要途径。

军事训练安排在第一学年上学期，结合新生入学教育进行，时间一周。

生产劳动第一、二学年各安排一周，第三、四学年的上学期各安排一周，第三学年下学期结合专业实习于第二、第三周的时间。

六、成绩考核

为了巩固同学们的学习成果，增强学生理解和分析问题的能力，考查自觉判断的能力，检查教学的质量，促进教学质量，必须重视成绩考核。

各门课程均有考核，为考试、考查、考查两种形式进行，考试的科目，要排在每一学期的末了，乙在"教学计划进度表"中列出，在给计划中的规定进行考试考查考。

其试验方法可按临课的不同情况，平时笔试、演唱、口头答辩等不的方式进行。考查目的的考查，应在期末结束的时间随堂进行。

生产劳动、军事训练、专业实习的成绩将接均匀五个小组。

排的评估和教师评定的相结合的方法进行。

考试的考生不及格者意补考，补考不及格者，按学生学籍管理的规定处理。

教学相关资料

山东艺术学院音乐系声乐专业
声乐（主修）课教学大纲

（一）培养目标：
1）根据党的教育方针，培养学生能完整准确地理解马列主义、毛泽东思想的基本原理。热爱中国共产党，热爱社会主义。具有爱国主义、国际主义精神，共产主义道德品质和健全的体魄。树立无产阶级观点，劳动观点和辩证唯物主义观点，全心全意，为人民服务。服从祖国统一分配。

2）在声乐方面，以民族声乐为基础，本着洋为中用的精神吸收西洋发声的科学化分（理论，技能）通过四年的学习，培养学生成为一个又红又专，一专多能。具有较高的文化艺术修养和熟练掌握各种不同演唱风格技巧和发声理论知识的声乐、歌剧演唱专门人才。

（二）教学原则：
1）教师必须教书又教人，培养学生成为又红又专、德、智、体、美，全面发展的有社会主义觉悟的有文化的劳动者。

2）教师必须继承和发扬我国民族的优秀传统，同时，借鉴世界各国优秀的声乐文化，敢于古为今用，洋为中用。

3）在教中贯彻教研室集体负责和教师个人负责相结合的原则，及时发现及时解决教学中的问题，以保证教学质量和教学的正常发展。

4）教学中必须坚持个别对待，因材施教，循序渐进的原则，培养学生独立思考，分析和解决问题的独立工作能力。

5）在教学中必须注意声音、思想感情、吐字、音乐风格的有机结合，敢对声情并茂。并重视声乐和其它专业基础课的密切配合，使学生得全面的发展。

· 1 ·

3）采用个别上课与教学小组，集体上课、观摩教学等教学方式。在培养"尖子"上抓试点，充分发挥教师的群策群力，音乐欣赏课功能。把"尖子"培养出来的积极性与集体学习忌。另外，也要做到普遍培养，重点提高，把教学水平提上去。

4）加强教师示范的故发性与表率作用，在我研室与全作教师大力支持下，定期举行教师进修演唱会（一学期二至三次）与个人独唱音乐会。

5）教材要有明确的目的性和系统性。选用教材以我国"五四"运动以来优秀作品及外国古典代表作品为主。同时在数量上应严格遵守大纲所规定的中外曲目比例。

（三）教学内容与要求：
一年级
1）热爱声乐艺术，钻研及探讨"中国化"声乐演唱的发展道路。

2）初步建立正确的歌唱习惯（包括正确的呼吸方法，歌唱姿势，喉头稳定及喜根、下巴的放松等）以及发声四官的适应和运用中态性和理性上的基本知识）

3）在自然音域基础上，用中等音量和唱得较好的母音来训练，中声区，打下良好基础，做到声音较流畅，有气息支持，能在演唱中应用到九至十度。

4）在音准，节奏，语言，吐字的训练上声情要求。在演唱歌曲时基本做到正确表达作品的内容和思想感情。

5）本学年教材主要由以下几项组成：
（a）练声：基本发声练习
（b）练声曲："阿勃脱"op.473 第三部分
"西贝尔"练声曲
（练声曲根据需要选用）
（c）中国歌曲 8首 外国歌曲 4首

· 2 ·

〔注：是用外国教材必须明确目的性，同时在我界上应
　　　声择是学习教学大纲所规定的中外曲目比例学。〕

二年级

1）继续闷炼中声区逐步稳定喉头，并初步掌握换声区技术，
建立中声区闷到四面的基础以开始扩展音域扩声区音色
统一的训练。（音域在g到a度以上度左右。

2）中声区唱的音稳定，明亮，音质柔十净，音色能实充。
圆润。

3）能够较为即掌握呼吸，初步分到强弱快慢的力度变化，速
度的变化与控制。圆滑流畅的行分无强调。并注上咬吐
字声韵规律。

4）能用母声区式，演唱声乐作品，开始初步感到到义声乐
习中去。

5）能够有地对唱歌时正确地表达作品的内容，做到字
声准确，音清，咬字清晰能够自然的音色风度。

6）下学年教材内容

（1）练声：练声发声练习

（2）练声曲："简物歌"OP.474　第二、四P分
　　　　　"孔童"OP.9（50首）练声曲
　　　　　"百转歌"练声曲
　　　汉语十三歌练习曲

（3）声乐理论知识：包括印象中，外声乐与客洲话记录
　　　与论题讲义，与专题讲义。

（4）歌曲：中国歌曲不少8首　　外国歌曲4首

三年级

1）自如的掌握呼吸，发声，声乐各声区声音逐步统一。

2）声音性较美、流畅，气息有支持感，并具有声刀过感，
能初步控制声音力度与音色变化。音域在H-J度度左右。

3）着重培养学生分析与处理歌曲的能力，逐渐准确地表达作
品的内容与意境，在唱上要求达到字正腔圆。

4）具有初步鉴别声音的能力，使学生具有正确的声音
概念。

5）本学年教学内容
　（1）练声：练声句——着重发展声乐技巧的练习。
　（2）练声曲——"孔童"OP.9（50首）。(25首)
　　　　　　"百转歌"练声曲
　　　　　　"张槽七木"练声曲
　　　汉语十三歌练习曲

　（3）歌曲——中国歌曲不少　　外国歌曲不少
　（4）一些讲授声乐基本理论及发声的生理规律重要的音程
　　　及声的　　声乐曲。

四年级

1）熟练掌握发声，控制呼吸等技巧，做到各声区统一。音域
在C-D度度。

2）声音运用自如，嘹亮自然，朴实、动人，音质连连十净。

3）学生从专台演唱中发展声乐技巧，提高艺术表现力，掌握
好把控唱各种类型，不同风格的歌曲，并较无整地能初步
地表达歌曲的内容。

4）用有独立分析处理歌曲的能力，并创逐性的分析并论难造达到
的歌曲。

5）能胜任音乐的理唱节目，并半场机唱音乐会节目。

6）本学年教材

　（1）练声：练声句，练声曲同三年级

　（2）歌曲——选择较为理想到平均训练的，各成双它
　　　的各种式的歌曲，外歌曲。
　　　中国歌曲　16首　　外国歌曲　8首

　　一说明于：外歌剧选唱，表之唱，生唱等曲目，训练学生
　　的表达与艺术的。

年级	练声曲	歌		曲	总数
一年级	6首	中 8首		外 4首	18首
二年级	6首	中 8首		外 4首	18首
三年级	（不定）	中 14首		外 6首	20首
四年级	（不定）	中 16首		分 8首	24首

（四）考试与考查：

1）每学期随堂举行考试。每学期期引进行考查。四年学习
完毕进行毕业考试。

2）考试曲目数量规定如下：
　　一年级：中国歌曲　2首
　　二年级：分国歌曲（及练声曲）11首
　　　　　中国歌曲　1首
　　三年级：中国歌曲　2～3首
　　　　　外国歌曲　1首
　　四年级：中国歌曲　3首
　　　　　外国艺术歌曲1首
　　　　　歌剧咏叹调1首
　　注：考试曲目必须一次唱完。

（五）艺术实践与毕业演出：

1）各年级学生在教学指导下，每月举行一次观摩会；每学期
在毕业内举行二次观摩会（期初，期末各一次）。

2）一年级学生一般不参加对外演出，二、三四四年级学生在教师
指导下，由系安排参与继续下参加对外实践活动。

3）四年级下半学习的艺术实践及毕业演出学生。

4）考试安排演唱1～2首今学年音乐教材中的曲目。

山东艺术学院音乐系
声乐专业形体课
教学大纲
（一九八三年十月定稿）

一、任务与要求

声乐专业形体课是训练学生体态健美的课，通过站立、手位、腰、腿等姿态的训练，使学生能注意改善原来不正确的体态，逐渐变得身材匀称、健美，动作协调，在声乐表演中起到辅助作用。

二、教学的基本原则

1. 贯彻教书育人的原则。加强学生的集体观念和组织纪律性，培养学生踏实、刻苦的良好学风。

2. 在教学中始终围绕教学目的，首先掌握，紧密配合声乐专业的动作特点，从而学以致用，在声乐表演中起到辅助作用。

3. 声乐学生大多数年令较大，腰腿条件较差，在身段训练上没有任何基础，所以教学中要根据学生的实际情况进行备课。要多讲、多示范，使学生掌握动作的要领。

4. 贯彻严格要求与耐心指导的原则。对学习有困难的学生，要加强辅导，以完成教学大纲的基本要求。

5. 贯彻量力性的原则。针对声乐学生的专业特点，每节课的动作搭配适当，均匀，使学生不致过于劳累、紧张，力求在轻松愉快的气氛中达到每堂课的教学要求。

三、教学方式与年限

1. 本课与第一学年开设，每周二学时，累计授课时数为64学时。

2. 本课程分男生组、女生组分别上课。

四、教学内容与进度

第一学期：

1. 要求：通过站立、走步、手位练习和腿的基本训练使学生基本能改善含胸、挺腹、斜肩、踏肩、走路松垮等不正确的体态，形成挺胸、收腹、两臂自然下垂优美挺拔的形态。

2. 内容：a. 头音的八个方向学用响。
b. 把杆练习：站立、走步、踩地、小踢腿、吸腿、腰、腿、丘腿、跨腿。
c. 脚的位置练习：（正步、丁字步、上步、跨步、弓箭步、朴步）（趟步练习、云步练习、花梆步练习、十字步练习）（台步练习、圆场）
d. 手的位置练习：分四部分。
（单山膀、托掌、功掌（按掌为男生练习）
（盖掌、按掌、穿掌、双晃手、云手）
（单山膀、双山膀、顺风旗、双托掌、托按掌、山膀、按掌、冲掌、摸鬓）
（手位组合练习）

3. 期中考查内容：
① 把杆练习　② 脚的位置练习　③ 手位练习前两部分。

4. 期末考查内容：
① 手位组合练习　② 手按组合音一段（配合手位综合练习）

第二学期：

1. 要求：在组合练习中，要求表情，动作紧密配合，手、眼、身、法、步的配合运用得当。

2. 内容：a. 身段组合（主要是银簪做洞内容设计动作）。
b. 简单的小舟蹈。

3. 期中考查：身按组合男女各二段（教师表述）

4. 期末考试：掌握民族特色的小舞蹈六个

山东艺术学院音乐系声乐专业形体课教学大纲（1983 年 10 月定稿）

（稿纸）

王音旋演唱的歌曲灌制唱片的目录

1. 我的家乡沂蒙山
2. 谁能比得上咱
3. 红花朵朵敬雷锋
4. 谁不说俺家乡好
5. 聚解放
6. 永远跟着共产党
7. 支前小唱
8. 烈士的颂歌
9. 怀念敬爱的周总理
10. 为革命当好饲养员
11. 汗水灌红大棉花。
11. 四化早实现
12. 沂蒙山上的百灵鸟

（稿纸）

13. 琴声悠悠唱春雨
14. 摘大菜

手写歌曲目录（1）

目 录

手写歌曲目录（2）

《王音旋唱片录音歌曲》封面与目录

王音旋
唱片录音歌曲

山东艺术学院

一九八一·四

1.《我是怎样培养彭丽媛的》手稿

第 1 页

我们是怎样培养彭丽媛的

王音旋

彭丽媛是山东郓城县一个朴素的小姑娘。一九七七年，她十五岁考入艺术院（当时的艺术学校）由于她具备一定的唱民歌的条件。因此，被分配到民族的课堂学习比较多乐。这个年青的姑娘，从小热爱唱歌多年，但音乐方面她无一些合乐（简谱都不认识。）由于我的学习彭丽媛的培养和训练，她本人的刻苦努力，三年的时间里，在民族唱法方面取得了明显的成绩。先后参加了全省民歌调演、欢乐会演，全国民歌民间歌舞会演。随民间艺术团出访比利时之间和80年的羊城花会。均取得了优异的成绩，得到了许多专家和广大群众的赞许。全国工人利物、中央电台、电视台对她都进行了介绍。在她

章德793   26×15=300

的艺术学院学习期间，彩丽娟也成为全国有影响的优秀歌手。

我们是从以下几个方面对她进行培养的：

首先教育她坚定的走民族声乐的道路，要为发展我们的民族声乐事业做出贡献。让她了解到我全国、山东的民族民间艺术是极其丰富多彩的。树立牢固的热爱民族声乐的观念。在我们的教学中自始至终对彩丽娟进行这方面的教育。因此，彩丽娟在我们学院学习期间，坚定的走民族化的道路，这是她取得今天成绩的思想基础。

对她声乐技巧的训练：

我对她声乐技巧的训练是采取了美声唱法，今混合共鸣的方法，立足于民族，借鉴于西洋。其具体步骤是：首先训练好中声区，在保持

她有较音色的前提下，让她的声音自然流畅、圆润明亮，然后使她达到唱歌状态之，气息通畅，在巩固的中声区基础上，向两端扩展音域，并要求做到声区上下统一，没有换声的痕迹。经过反复的训练，她能控制唱的音域已达到两个八度。她的声音清脆、甜美、纯美明亮，等保持，流畅的民族风格。她的声乐技巧已经达到一定水平，不仅能演唱民歌，而且对较小中的一些大的选段，以及难度较大的创作歌曲如：《山丹丹开花红艳艳》选曲，《珊瑚颂》《海篮船》《雅鲁藏布大峡谷》等都能自如的掌握，在声乐技巧上她已具备了一个较好话表的水平。

对于民族演唱风格的训练：

民族唱法有其他的风格这是极其重要的，对学生这方面的培养是不可少的。我对新疆的训练采取了以下几个方面的措施。

第一，教材的选择。以优秀的山东民歌和具有山东特点的创作歌曲和其它声乐作品，使她逐步的认是和掌握山东的地方风格，并为其写一套保留曲目。为什么要这样做呢？因为她是对山东、对山东人民的生活、风俗、习惯环境、性格、爱情以及山东民间音乐都比较熟悉。以山东民歌和具有山东特点的创作歌曲为主要教材，使学生对山东的地方风格、易于接受、易于掌握。同时也为以后学生积累一套有特色的保留曲目。

对她进行、比较味以的声的训练。

例如：夸充婉转的拖腔、甩腔、尖哭颤音、波音、滑音、颤音、硬音等。由于她结合了这些注唱方法，因此，她的注唱得更具特色。

情况及情的训练。

　　在表情的表达上要求纯朴、逼真、平易而又自然大方。具有劳动人民的气质和浓郁的乡土气息，要唱出人民的心声。

时彩的演唱语言方面的训练。

　　语言是形成地方特点的重要因素，在训练过程中，要求她吐字准确、清晰，字头、字腹、字尾要紧密结合。字头咬的短促有力，字腹要求圆腔送表之变，字尾归韵准确响亮，要求她做到词意连贯，亲切感人。

　　通过以上几方面的训练，使时彩的演唱更加明亮的民族风格和扣人心弦的表现力。

提高她等方面的艺术素养。

　　除专业课外，其它课程的老师对她的培养也是十分精心的，使她多门课程均取得了优异的眼浅。此外，戏剧家、干劲释以老师对她也进行、辅导，给她的演唱锦上添花。

对新丽嫒的优点和生活上关心培养。

经常教育她要从各方面严格要求自己，政治上要上进，品口上要好学，生活要俭朴，作风要正派。因此，新丽嫒多次被评为三好学生以及院的优秀团员。

新丽嫒的成长是由于人民，由于艺术名家和老师们对她关心培养的结果。

这本歌曲选，选取了金西创作的五十九首脍炙人口的歌曲。这些歌曲，都曾发表过，其中的精品早已在人民群众中广为流传。现在编辑成歌集，是应众多好友之盼，和许多音乐工作者之请，为弘扬民族文化，贡献一份力量。

曲作者是位四十多年来在山东，全国乐坛上颇为活跃的作曲家、音乐家。他辛勤耕耘四十余载，曾长期从事群众文化的组织和辅导工作，民间音乐的搜集、整理、研究工作，参与过京剧、吕剧等地方戏曲音乐的改革和创新工作，尤其是他创作发表的一百多首歌曲，散发着浓郁的乡土气息，风格独树一帜，给人以美的享受。

金西，1935年9月出生于江苏省宝应县，1949年2月十三岁时，便参加了中国人民解放军。曾任山东省文联党组成员驻会副主席，中国音乐家协会理事，山东省音协常务理事，山东省群文协会理事，山东省群众艺术馆副馆长、研究馆员，1988年12月被选拔为山东省第一批也专业技术拔尖人才。

作为一个作曲家，金西自觉、坚定地把自己投身到生活和群众之中，浸泡到山东民间音乐的海洋里，用山东人民喜闻乐听的音乐语言进行创作，把蕴含在民间音乐当中那种难以形容的美和特殊的气质，灌注到自己的作品中，去赞美齐鲁大地的青山绿水，去歌唱山东勤劳勇敢的人民。他创作了大量的音乐作品，在全国各音乐刊物上发表的歌曲有一百多首，许多精品在电台、电视台播放和录制成唱片、盒带、光盘。其中《我的家乡沂蒙山》曾作为1992年中央文化部在武汉举行的全国青年歌手大奖赛的必唱曲目。另有《清蓝蓝的河》、《请到沂蒙看金秋》、《唱起山歌乐悠悠》等一批歌曲广为流传。其中有些作品被王昆、周小燕、才旦卓玛、张树楠、王音旋等著名歌唱家作为保留曲目。有多首歌曲在省以上音乐作品评奖中获选，有些歌曲选入全国艺术院校声乐教材。

同时，全西对培养青年歌唱人才也发挥了积极作用。彭丽媛在1980年全国民族民间唱法会演中演唱了他创作品《清蓝蓝的河》、《微山湖荡起采莲船》及山东民歌，轰动北京，在全国崭露头角。此外，彭丽媛、王世慧、周琦、罗余瑛、叶微、丁汝燕等演唱他的作品《唱起山歌乐悠悠》、《我唱家乡美景多》、《谁能比得上咱》、《请到沂蒙看金秋》、《高山上的画眉鸟》、《我的家乡沂蒙山》、《微山湖采菱歌》，在全国、华东及山东的声乐比赛中获奖，其中有金奖、银奖、一、二等奖。

他与徐贵喜、李钰两位作曲家合作的大型民族管弦乐组曲《泰山颂》1979年获省歌舞会演一等奖。1980年由中央民族乐团演奏，日本制作，香港唱片有限公司出版了立体声唱片、盒带，在国内外发行，中国唱片社分别出版了立体声唱片、盒带、密纹唱片在国内外发行。1980年由著名指挥家秦鹏章指挥在香港荃湾大会堂举行隆重公演，中央及许多省电台进行播放介绍，成为中国民族音乐最先走向世界的精品。该作品有广泛的社会影响，在山东省第四次文代会上被定为建国以来的优秀作品，并编入了《名曲欣赏》一书。此外，他还参加了《马也马镇》、《海鹰》、《红云岗》等五部大型戏曲剧目的音乐创作，有的拍成电影。

　　金西作为一个传统音乐学者，在民间音乐领域里做出了突出贡献。集中体现在他与苗晶等同志合著的《山东民间歌曲论述》，以及他主持和参与编辑出版的《山东民间器乐曲选集》、《山东民间歌曲选集》、《山东民歌选集》、《巧女绣花》、《茉莉花》等著作（述）。尤其是他主持编纂的《中国民间歌曲集成》（山东卷）荣获全国艺术科学国家重点研究项目编纂工作一等奖，并受到山东省文化厅嘉奖。这些经典力作，对继承和发展山东民间音乐，弘扬民族文化，具有重要的现实意义和深远的历史意义。

作为群众文化工作者，金西把自己的岗位看得无比崇高，多少年来把自己的时间、精力、心智都无私地奉献给自己所深深挚爱着的事业。他主持了许多次艺术馆、文化馆音乐干部培训班，采自主持组织，采自授课，加工辅导，指挥排练，为山东省群众文化领域培养出了大批具有实际工作经验和艺术技能的创作骨干，创作出一批歌曲、乐曲并发表和录制成唱片。除此之外，他还以极大的工作热情和高度的事业心，负责多次参加全国文艺汇演山东代表团队及本省汇演的业务指导和加工排练工作。他几乎每年都实为一个大型艺术活动的成功而奔波劳累，加上他那累年忙碌的辅导、授课、研究、创作……可以说，他像一架拧满了发条的时钟，在不停地超负荷运转。

抄至平四页倒数第九行

金西从事音乐工作五十多年，创作的具有山东民间风格的歌曲，具有一种独特的魅力和气质。山东的山水草木，风土人情是他从事音乐创作的肥沃土壤。在他的传世佳作中，不难发现，它们几乎都与山东的风土人情相联系，尤其是沂蒙山，更是他反复咏唱的地方，《我的家乡沂蒙山》《俺到沂蒙来拜年》《请到沂蒙看金秋》等等。这是出自偶然吗？不是。就金西个人来讲，虽不是沂蒙人，但沂蒙却是他第一次投身革命队伍的地方，从那时起，他就同这片光荣的土地结下了不解之缘。沂蒙山作为他的第二故乡，他就恋这里的一草一木，他热爱这里的一山一石。因此，从他开始创作起，就以讴歌这里的一切美好事物为己任，任时光流逝，而不改初衷。后来，他以沂蒙山为自己创作道路上的第一块基石，站在这块高高的基石上，他那多情的目光

开始注视着更为广阔的山东大地。他歌颂泰山（《泰山颂》、
《泰山恋》），他赞美微山湖（《微山湖上荡起采莲船》、
《微山湖采菱歌》），他钟情于"甲天下"之美誉的荷泽
牡丹（《牡丹美》），用他那饱醮挚情的谱笔描绘出一幅
幅齐鲁风情的优美画卷，从而映衬出勤劳朴实的山东
人那久已闻名的性格美，精神美。

　　"凡是我写过的地方，我都去过。"他是这样说的，
也是这样做的。1979年他与别人合作写《泰山颂》时，
在泰山脚下一住就是两个多月，第一稿和修改稿
均在泰山完成，全面他们多次进山采访，搜集素材，
虚心向群众请教。每天在山上山下转来转去，闻松涛、
观日出、听风声、看古迹。当他们走出泰山时，完
成的这部歌颂泰山的民乐组曲，带着大山的灵性，
揣着汩汩山泉、阵阵松涛以及泰山深处的鸟语花香，
从泰山脚下飞向泉城，飞向北京，飞向海内外。

山东人民勤劳、淳朴、耿直的禀性是他从事创作的力量源泉。他多次到农村蹲点，和群众同吃、同住、同劳动，他感受到了山东人民特有的勤劳、淳朴、耿直的禀性。同时，他在采集、研究山东民歌的过程中，不仅仅了解这些民歌的本身，更注重了解演唱这些民歌的人。所到之处，他都热情地与各种年龄、各种性格的民歌手交朋友，亲身感受他们的生活，体验他们的喜怒哀乐，使他从深层次了解山东人民，也从深层次的文化背景、文化内涵等方面了解了山东民歌。这样，在他的作品中，体现了劳动人民的思想感情和精神气质。其结果，全面的作品就必然深受广大人民群众的喜爱，并能经得住历史的考验，历久而不衰。

深厚的民间音乐功底，全面扎实的音乐技法以及广博的文化素养是他从事音乐创作的坚实基础。由于他长期从事民间音乐的搜集研究之中，掌握了丰富的山东民间音乐的语汇，加上他受过严格的音乐训练和系统的学习，这就使他具备了扎实的音乐素养和创作技能。他对山东民间音乐出神入化的把握，以及在创作中自如的运用，都说明了这一点。如《我的家乡沂蒙山》这首歌是金西的代表作，但问世近30年来，它不胫而走，已成为许多著名歌唱家的保留曲目。在这首作品中，我们很难找到它与山东民歌的直接联系，但它又无处不渗透着浓郁地道的山东民间音乐特色。一方面，它同山东民间音乐的传统精神保持着种种联系，处处散发出使人心醉的地方风味；另一方面，它又被灌注了一种前者不可胜有的崭新的个性和气质。在音乐创作中，仅仅做到前者，似乎还不太难，而要同时兼备前后这两个方面，则不易做到。

　　金西一贯严以律己，以身作则，以清廉的作风和宽厚待人的品德显示出高尚的人格力量，在全省文艺界享有很高的威望。在1988年召开的山东省第五次文代会上，他全票当选为文联驻会副主席。

作为音乐家、作曲家，金西为音乐奋斗了几十年，音乐创作已经到了炉火纯青的境界，正是创作上出成果的好时期。我想相信，他创作的歌曲和各种器乐曲会像泉水一样流淌出来。他还计划写歌剧《李清照》，曾和剧作家张彭相商过，还想把《聊斋》里的一些故事编写成歌剧……但是，最终还是服从了组织分配又调着文联工作。文联工作复杂繁忙，底下分管着十多个协会，他在文联付出了大量的心血，作了大量的工作，表现出了领导者的魅力和组织才干，工作成绩卓著。即使十分劳累，也从不表现出来。从未说过一句喊苦叫病的话，看到的却是一身硬骨，挥洒着热情的匆匆忙忙的身影。文联的同志赞他道："实不愧为官、良才、楷模也！"

金西是一个作曲家，但他首先是一个人，一个坦坦荡荡、襟怀坦白、朴实诚恳的人。象所有正直善良的艺术家一样，不论碰到任何艰难和坎坷，都表现出一种不妥协的精神。"文如其人"，曲如其人，金西和他创作的音乐，不正是如此吗？衷心希望他的歌能给人民带来启迪，带来欢乐。

王音旋

二〇〇一年十月

前言
编者的话

　　这本歌曲选，选取了金西创作的及十几首脍炙人口的歌曲。这些精品力作，都曾发表过，有些歌曲早已在人民群众中广为流传。现在编辑出版成歌集，是众多好友之期盼，和许多音乐工作者之请，为弘扬民族文化，贡献一份力量。金西是位四十多年来在山东、全国乐坛上颇为活跃的作曲家、音乐家。他辛勤耕耘四十余载，曾长期从事群众文化的组织和辅导工作、民间音乐的搜集、整理、研究工作，参预过京剧、吕剧等地方戏曲音乐的改革和创新工作。尤其是他创作发表的一百多首歌曲，散发着浓郁的乡土气息，风格独树一帜，给人以美的享受。

　　金西是山东省文联驻会副主席、中国音乐家协会理事、山东省音协常务理事、山东省群文协会理事，曾任山东省群众艺术馆副馆长等许多领导和社会职务。1987年被评为第一批研究员，1988年12月被选为山东省第一批专业技术拔尖人才。

　　金西，1935年9月出生于江苏省宝应县，在这个小县城度过了他苦难的童年。1949年2月十三岁时，便参加了中国人民解放军。当时他完全没有想到要做文艺工作，只想着扛枪打仗，解放全中国。但因年纪太小，部队首长把他安排在鲁中南军区文工团。他到了军区驻地——临沂城。同年四月，被调至山东军区文工团，进驻济南。团里让他学习乐器，先是弹曼多林，后改拉小提琴。他便全身心地投入进去，非常刻苦，假日、晚上从不休息，进步极快。组织上派他去上海交响乐团学习，着意培养。不久他便担任了前卫文工团乐队的首席小提琴。除了练琴以外，他还努力读书，看了许多文学作

1

品。当时乐队的成员大都是十五、六岁的小兵，组织上根重视对他们的培养，每天都安排一定的时间进行严格的业务训练，由一些经验丰富、在艺术院校学习过的老同志给他们上课。就这样，他没系统地学习了乐理、视唱练耳、音乐欣赏、乐器法、和声学、配器等课程，并结合学习创作一些小型的器乐曲。

1956年，我国社会主义建设的第一个五年计划刚刚开始，金西便试着写了自己的第一首歌《五年计划放光芒》，没想到这首歌竟受到大家的赞赏和肯定。不久，此歌就在《大众日报》和《山东歌声》相继登出来，接着他又把这首歌的二部合唱改为四部合唱，并配上管弦乐队伴奏谱，由本团排练演出，取得了很好的效果。当年他只有二十一岁。打那以后，他的歌曲创作便一发不可收，一首接一首地在刊物上发表。有的省里获奖。《合作社的姑娘》被中国青年艺术团演唱带到国外。为了提高他的创作水平派他去上海音乐学院进修。在那里他如饥似渴地学习，取得飞跃进步。为乐队的十年为他今后的音乐创作打下了坚实的基础。

1958年，转业到了山东省艺术馆。他自觉、坚定地把自己投身到生活和群众之中，浸泡到山东民间音乐的海洋里，用山东人民喜闻乐听的音乐语言进行创作，把蕴含在民间音乐当中那种难以形容的美和特殊的气质，灌注到自己的作品中，去赞美齐鲁大地的青山绿水，去歌唱山东勤劳勇敢的人民。

作为一个曲作家，他创作了大量的音乐作品，在全国各音乐刊物上发表的歌曲有一百多首，许多在电台、电视台播放和录制成唱片、盒带、光盘。其中《我的家乡沂蒙山》曾作为1992年中央文化部的全国青年歌手大奖赛的必唱曲目。

2

仟，我当时任评委，著名歌唱家张权坐在我身边，说道："金西的歌百听不厌，我就喜欢唱，也要让我的学生演唱……"另有《清蓝蓝的河》、《请初蒙看金秋》、《唱起山歌乐悠悠》等一批歌曲广为流传。其中有些作品被王昆、周小燕、才旦卓玛、张树楠、王音旋等著名歌唱家的保留曲目，有多首歌曲在省以上音乐作品评选中获奖，一、二等奖。

同时，他对培养青年歌唱人才也发挥了积极作用。彭丽媛在1980年全国民族民间唱法会演中演唱了金西创作的《清蓝蓝的河》、《微山湖荡起采菱船》及山东民歌，轰动北京，在全国崭露头角。此外，彭丽媛、王世慧、周琦、罗余瑛、叶徵、丁汝燕等演唱他的作品《唱起山歌乐悠悠》、《我唱家乡美景多》、《谁能比得上唱》、《请到沂蒙看金秋》、《高山上的百灵鸟》、《我的家乡沂蒙山》、《微山湖采菱歌》，在全国、华东及山东的声乐比赛中获奖。其中有金奖、银奖、一、二等奖。

他与徐贵岩、李钰两位作曲家合作的大型民族管弦乐组曲《泰山颂》1979年获省歌舞会演优秀奖，1980年由中央民族乐团演奏，日本制作、香港唱片有限公司出版了立体声唱片、盒带，在国外发行。中国唱片社分别出版了立体声唱片、密纹唱片在国内外发行。1980年由著名指挥家秦鹏章指挥在香港荃湾大会堂举行隆重公演，中央及许多省电台进行播放介绍。该作品有广泛的社会影响，在山东省第四次文代会上被比为建国以来的优秀作品，并编入了《名曲欣赏》一书。此外，金西还参加了《驰马镇》、《海鹰》、《红云岗》等五部大型戏曲剧目的音乐创作，有的拍成电影。

金西作为一个传统音乐学者，在民间音乐这个领域里做出了突

3

出贡献。集中体现在他与苗晶等同志合著的《山东民间歌曲论述》，以及他主持和参与编辑出版的《山东民间器乐曲选编》、《山东民间歌曲选编》、《山东民歌选集》、《巧女绣花》、《茉莉花》等。金西主持编纂的《中国民间歌曲集成》（山东卷）荣获全国艺术学科国家重点研究项目编纂工作一等奖，并受到山东省文化厅嘉奖。

作为群众文化工作者，他把自己的岗位看得无比崇高，多少年来他把自己的时间、精力、心智都无私地奉献给自己所深深挚爱着的事业。他主持了许多次艺术馆、文化馆音乐干部培训班，亲自组织、亲自授课，加工辅导，指挥排练，为山东省群众文化领域培养了大批具有实际工作经验和艺术技能的创作骨干，创作出一批歌曲、乐曲并发表和录制唱片。除此之外，他还以极大的工作热情和高度的事业心，负责多次参加全国文艺会演的山东代表团队及本省金演的业务指导和加工排练等工作。金西几乎每年都要为一个大型艺术活动的成功而奔波劳累，加上他那紧张忙碌的辅导、授课、研究、创作……可以说，他像一架拧着了发条的时钟，在不停地超负荷运转。

金西从事音乐工作五十多年，创作大量具有山东民间风格的歌曲，具有一种独特的魅力和气质。山东的山水草木，风土人情是他从事音乐创作的肥沃土壤。在他的作品中，不难发现，它们几乎都与山东的风土人情相联系，尤其是沂蒙山，更是他反复咏唱的地方，《我的家乡沂蒙山》、《沂蒙山上果树多》、《俺到沂蒙来拜年》、《请到沂蒙看秋》等等。这是一个偶然吗？对一般人来讲，他虽不是沂蒙人，但沂蒙却是他第一次投身革命队伍的地方，从那时起，他就同这片光荣的土地结下了不解之缘。沂蒙山作

4

为他的第二故乡，他熟悉这里的一草一木，他热爱这里的一山一石。因此，他从开始创作起，就以讴歌这里的一切美好事物为己任，任时光流逝，而不改初衷。后来，金西以沂蒙山为自己创作道路上的第一块基石，站在这块高高的基石上，他那多情的目光开始注视着更为广阔的山东大地。他赞颂泰山《泰山颂》、《泰山景》，他赞美微山湖（《微山湖荡起采莲船》、《微山湖采菱歌》），他钟情于"甲天下"之美誉的荷泽牡丹（《牡丹美》），用他那饱醮挚情的谱笔描绘出一幅幅乡鲁风情的优美画卷，从而映衬出勤劳朴实的山东人民那么一己闻名的性格美，精神美。

"凡是我写过的地方，我都去过。"他是这样说的，也是这样做的。1979年他与别人合作写《泰山颂》，在泰山脚下一住就是两个多月，第一稿和修改稿均在泰山完成，金西他们多次进山采访，搜集素材，虚心向群众请教。每天在山上山下转来转去，闻松涛、观日出、听风声、看古迹。当他们走进泰山时，完成的这部歌颂泰山的民族组曲，带着大山的灵性，携着汩汩山泉、阵阵松涛以及泰山深处的鸟语花香，从泰山脚下飞向泉城，飞向北京，飞向海内外。

山东人民勤劳、淳朴、耿直的秉性是他从事创作的力量源泉。因工作的需要，他常常到农村蹲点采访搜集素材和群众同吃、同住、同劳动，他感受到了山东人民特有的勤劳、淳朴、耿直的秉性。同时，他在采集、研究山东民歌的过程中，不仅仅了解这些民歌的本身，更主要了解演唱这些歌曲时，不同区域的人的热情地与各种年龄、各种性格的民歌手交朋友，亲身感受他们的生活、体验他们的喜怒哀乐，使他从深层次了解了山东人民，也从深层次的

5

文化背景、文化内涵等方面了解了山东民歌，这样在他的作品中，体现了劳动人民的思想感情和精神气质。其结果，金西的作品就必然深受广大人民群众的喜爱，并能经得住历史的考验，历久而不衰。

深厚的民间音乐功底，全面扎实的音乐技能以及广博的文化素养是他从事音乐创作的坚实基础。由于他长期从事民间音乐的搜集研究工作，掌握了丰富的山东民间音乐的语汇，加上他受过严格的音乐训练和系统的学习，这就使他具备了扎实的音乐素养和创作技能。他对山东民间音乐出神入化的把握，以及在创作中自如的运用，都说明了这一点。如《我的家乡沂蒙山》这首歌是金西的代表作，问世近30年来，它不胫而走，已成为许多著名歌唱家的保留曲目。在这首作品中，我们很难找到它与山东民歌的直接联系，但他又无处不渗透着浓郁地道的山东民间音乐特色。一方面，它同山东民间音乐的传统精神保持着种种联系，处处散发出使人心醉的地方风味；另一方面，它又被灌注了一种前者不可能有的崭新的个性和气质。在音乐创作中，仅仅做到前者，似乎还不太难，而要同时兼备前后这两个方面，则不易做到。

金西之所以能写出如此美妙动人的音乐，还有一个不容忽视的重要原因，那就是他很注意提高自己全面的思想文化修养。他兴趣广泛，具有相当广博的知识。他读了很多古今中外文学名著和文史著作，尤其爱读名人传记和回忆录，并善于从中汲取力量，以鞭策、激励自己。他担任领导职务，工作繁忙，但仍挤出时间坚持每天晚上读书学习达二、三个小时。

金西一贯严以律己，以身作则，以清廉的作风和宽厚待人的品德显示出高尚的人格力量，在全省文艺界享有很高的威望。在1988

6

(6)

年召开的山东省第五次文代会上，他当选为文联驻会副主席。

金西是作曲家，他为音乐奋斗了几十年，音乐创作已经到了炉火纯青的阶段，正是创作上出成果的好时期。我相信，他创作的歌曲和各种器乐曲会象泉水一样流淌出来。他还计划写歌剧《李清照》，曾和剧作家张彭相商过，还想把《聊斋》里的一些故事编写成歌剧……但是，最终还是服从了工作的需要，文联工作复杂繁忙，底下分管着十多个协会。他在文联付出了大量的心血，作了大量的工作，表现出了领导者的魄力和组织才干，工作成绩卓著。即使十分劳累，他也从不表现出来，从未说过一句喊老叫病的话，而却时时看到他那一身硬骨，挥洒着热情的匆匆忙忙的身影。文联的同志赞他道："实不愧清官、良才、楷模也！"

他是一个作曲家，但他首先是一个人，一个坦坦荡荡、襟怀坦白、朴实诚恳的人。象所有正直善良的艺术家一样，不论碰到任何艰难和坎坷，都表现出一种不与之妥协的傲骨。人们常说："文如其人，曲如其人，金西和他创作的音乐，不正是如此吗？"愿他的歌能给人民带来温馨，带来欢乐。

王音旋
二〇〇一年十月初稿

(7)

7

民族声乐教学有关问题的探讨

王音旋

山东艺术学院音乐系

一九八零年九月

15×20=300　　　　　　　　　　山东艺术学院稿纸

民族声乐教学有关问题的探讨

我国民族民间唱法有其悠久的历史和丰富的经验。在京剧、戏曲、说唱音乐等方面都出现过许多著名的艺术家；同时，近三十多年来也涌现出了不少民歌演唱家和民间歌手。他们在演唱上的成就，充分说明，我们民族民间唱法是科学的，是具有民族特色，受广大人民群众所喜爱的。但多年来一直没有总结出民族声乐方面系统的理论和没有形成我们中国的民族声乐学派。全国解放以后，虽然一部份声乐工作者，进行了可贵的探索，取得了一定的经验。但是由于种种原因和轻视民族的思想较普遍的存在，因此，收效不大。至今没有总结出系

抗的声乐理论来。

目前祖国正向四个现代化进军，民族声乐必须跟上时代的步伐，培养造就出较多的、群众热爱的、我们民族的歌手，使声乐艺术更好的为人民服务，为社会主义建设服务。我们声乐工作者必须在这方面进行更大的努力，更多的探索，共同完成这一光荣而艰巨的任务。下面我想把民族声乐教学过程中所体会到的几个问题，谈谈自己的看法。

关于发声和呼吸

一、发声：

在教民族唱法的学生时，在发声方面我所遇到的问题，大体有两种：

第一种，初学民族唱法的学生入校时，在

发声方面，只靠本质嗓子唱，音域较窄，中低声区的声音有喊、扁、横的现象。高声区，唱高音时比较吃力，有的甚至唱不上去。再一种情况：高音单薄，刚成一条线使初中低声区音已统一不起来，形成两截子声音。

根据以上情况，我在教学中所采用的训练方法，首先找好各声区的共鸣位置，使学生掌握正确的发声方法。民族唱法的女高音一般可分为四个声区：

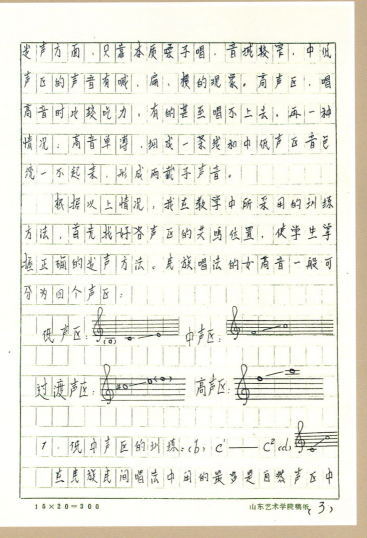

低声区：   中声区：

过渡声区：   高声区：

1. 低中声区的训练：b, c^1 —— c^2, d,

点民族民间唱法中用的最多是自然声区中

的一段音，这段音真声成份很强，结实明亮，易于掌握。因此，在教学中首先训练学生反复练唱这段声音，使他们脑子里对自己自然声区的音有比较固定的概念，能够把自己最美好的音质音色保留下来。当然，自然音域也有它不足的地方，如：音量容易过大，音色不太柔和等，均需加以解决。

　　低中声区的训练可按如下步骤进行：

　　第一步 c¹—e¹ 的训练。这一段音在演唱时，让学生多用胸腔共鸣，使声音结实浑厚。练时保持声音自然稳定，气息冲去喉头和声带，形成对抗，发出声音。演唱时在感觉上是气息流向上，声音向下，形成胸腔共鸣。最底是间胸腔共鸣的唱法，要求声音实，不要虚，位置靠前，不要向后，音波不能颤动太大，喉头不要开的过份，只有这样才能产生明亮的胸腔共鸣。在具体练习中要注意三点：

（1）．多用下行音阶级和开口母音练习，这种练习能使喉头自然打开，放松稳定。如：

$$5 \quad 4 \mid 3 \quad 2 \mid 1 \quad — \parallel$$
$$ma \cdots$$
$$mo \cdots$$

练习时保持起音的高位置。

（2）．多用带字的练习曲。如：

$$5 \mid 1 \quad 22 \mid 2.3 \quad 535 \mid 665 \quad 32 \mid 1 \quad — \parallel$$（山东民歌
伟大的祖国 多么富 强 啊嗬咳咦 哟
《献花歌》）

这样的练习，能用字把声音带出来，声音效果达到结实、明亮靠前，适于民歌演唱的需要。

（3）．用戏曲短句练习。如（河南梆子《花木兰》）

$$2 \quad 21 \mid 3 \quad 21 \mid 57 \quad 227 \mid 1 \quad 1. \mid 5752 \mid 1 \quad 1. \parallel$$
千斤有 我可 都是 代们 连哪(e) 咳咳
(口变音)

用戏曲练习胸声很有效果，尤其最后一小节"哎音"的唱法，更容易体会到胸腔共鸣的感觉。

第二步 f^1 — c^2 的练习。这一段音的练习，要求充分支撑口咽腔共鸣作用。是训练中声区最好的共鸣位置。唱时咽壁要立提，下巴放松。口腔自然打开，笑肌上提，气流冲击坚硬腭和口腔的前半部份。口腔共鸣必须结合胸腔共鸣和鼻腔共鸣，感觉声音从高位置发出。这样才能避免声音出现横、喊、白的现象。

口腔共鸣练习需掌握如下几点：

（1）闭口音带动开口音的练习。这种练习声带闭合较好，容易找到明亮的声音。如：

$\underline{5\ 4\ 3}\ \underline{4\ 3\ 2}\ |\ \underline{3\ 2\ 1}\ \underline{2\ 1\ 7}\ |\ 1\ —\ \|$ 练习时保持
mi   ma   mi   ma   a   吸气的状态唱

，声音在一条线上发出，连如贯珠。

（2）多作哼鸣的练习。如：

$$3 \quad 2 \quad 1 \quad 3 \quad 2 \quad \dot{1} \parallel$$ 这种练习容易找到高位
m   置。

（3）带字的练声曲：

$$\underline{1 \ 2 \ 3 \ 4} \ \underline{5 \ 4 \ 3 \ 2} \ | \ \dot{1} - \parallel$$ 这种练习能使声音
一 朵 玫 瑰 花   轻柔亮容易混进假声。

（4）戏曲短句练习。豫剧《沂河两岸》中的一句。

$$\dots \underline{5 \widehat{\ } 3} \ | \ \underline{6 \ 7 \ 6} \ \underline{5 \ 5} \ \underline{2} \ | \ \underline{2} \ 3 \ | \ \underline{\dot{1} \ 6 \ 5 \ 4 \ 3} \ | \ 2 \dots$$
革 命 情 谊 深 似 海

这种抒情婉转的戏曲短句。主要解决中声区发音太重太散的问题，便于扩展音域。练习时注意轻、收、柔、美、上下统一。

在声乐上纸中声区的训练是十分重要的，特别是对民族唱法，尤其如此。在教学上必须多下功夫。

2．过渡声区的训练：#c^2—e^2（f^2）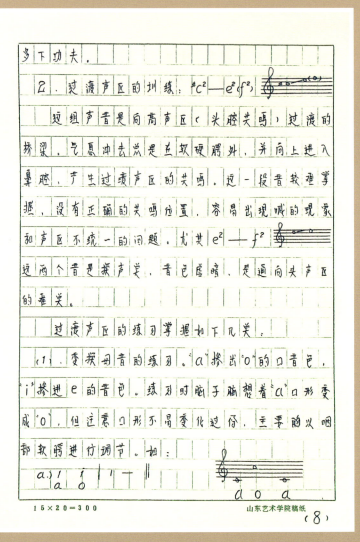

　　这组声音是向高声区（头腔共鸣）过渡的桥梁。气息冲击点是击软硬腭外、并向上进入鼻腔、产生过渡声区的共鸣。这一段音较难掌握，没有正确的共鸣位置，容易出现喊的现象和声区不统一的问题。尤其e^2—f^2这两个音是换声关、音色昏暗、是通向头声区的难关。

　　过渡声区的练习掌握如下几关。

　　（1）变换母音的练习。"a"掺出"o"的口音色，"i"掺进e的音色。练习时脑子脑想着"a"口形变成"o"，但注意口形不易变化过份。主要的以咽部软腭进行调节。如：

a.$\downarrow$ $\downarrow$ $\downarrow$ | | ‖

a o

d o a

b. $\underline{1\ 3}\ \underline{5\ \dot{1}}\ |\ \underline{\dot{3}\ \dot{1}}\ \underline{5\ 3}\ |\ 1\ -\ \|$

   ma   oa   a

c. $\underline{5\ 5}\ \underline{5\ 5\ 5}\ -\ |\ \underline{4\ 4}\ \underline{4\ 4\ 4}\ +\ \|\ \underline{3\ 3}\ \underline{3\ 3\ 3}\ -\ |$

  ma me mi mo mu

$\underline{2\ 2}\ \underline{2\ 2\ 2}\ -\ |\ \underline{\cdot1\ 1}\ \underline{1\ 1\ 1}\ +\ \|$

以上练习能使声音变圆集中．挂上头腔．
声区统一。

（2）带字的练习。

如．$\underline{5\ 6\ \dot{1}}\ |\ \underline{6\ 5}\ \underline{3\ 5}\ |\ \underline{3\ 2}\ |\ 1\ -\ |$

   浏   阳   河．

这条练习词是江阳辙．韵角归鼻．因此．
唱时打开鼻腔．笑肌上提．使之得到明亮的鼻
腔（头腔）共鸣。

（3）．戏曲短句练习．如、河北梆子《朝阳沟》
中的一句．

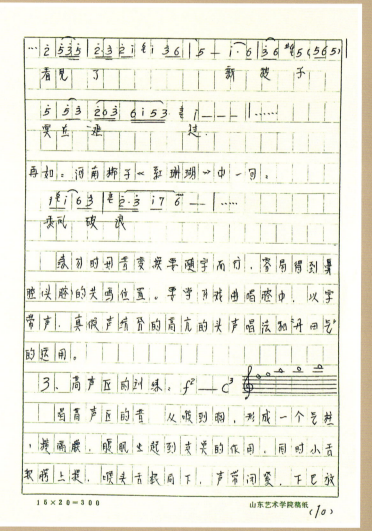

…2 5 3 5 | 2 3 2 1 6 i 3 6 | 5 — 1·6 3 6 #5 (5 6 5)|

看见　　了　　　　　　新被子

5 5 3 | 2 0 3 6 i 5 3 喜 i — — |…

买走　进　　　　　赶

再如：河南梆子《红珊瑚》中一句：

i i i 6 3 喜 2·3 i 7 6 — |…

乘风　破浪

　　练习时把音变换要随字而方，容易得到鼻腔（头腔）的关亮位置。要学习戏曲唱腔中，以字带声，真假声结合的高亢的头声唱法和丹田气的运用。

　　3. 高声区的训练：$f^2 — c^3$

　　唱高声区的音 从喉到胸，形成一个气井，提两腮，腹肌也起到支实的作用。同时小舌积极上提，暖是舌根向下，声带闭紧，下巴放松，颧骨上提，气流二要冲去咽音，软腭，进入鼻咽腔，向头腔穿透，形成头腔共鸣。

练习时注意以下几点。

(1. 母音的变换唱法。直唱"a"时掺进"o"唱"i"掺进"e"唱"e"掺进"ei"的音色。

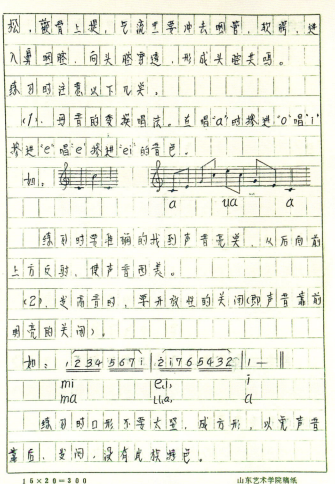

如， a　　ua　　a

练习时要准确的找到声音亮点，从后向前上方反射，使声音圆美。

(2). 走高音时，要开放性的关闭(即声音靠前明亮的关闭)。

如，‖ 234 567 i | 2i 765 432 | 1 — ‖
mi mi　　e,i,　　i
ma　　ua　　a

练习时口形不要太竖，成方形，以免声音靠后、发闷，没有民族特色。

（3）. 戏曲短句练习。如：河北梆子《三娘教子》
中的一句：

```
5  5 | 2·3 6 5 | ᵉ i — | i — | ……
喜  从   天        降
```

再如：根据河北梆子谱曲的诗词"节律——关雎"

```
4 3 2 | 3 6 i·23 | ᵉ 2·0 (23 23 23 23) |
三军  起       后
```

```
i 6 i·6 | 5 6 5 5 | 2 i ᵉ 6·1 25 | ᵉ i — | i —
尽    开      颜
```

运用戏曲高腔的唱法，练习时要注意气、
声，字三者紧密结合，字头犹如戏曲中的"喷口"
唱法。真假声位置上产生真声效果，具有金属
的音色；适应演唱民歌声音的要求。

以上四个声区，演唱时声音必须达到上
下统一，如戏曲中所提的"天地贯通"，形成真假

声结合的混合共鸣。目前来说，这是民族民间唱法最好的一种路子。

二、呼吸。

呼吸是歌唱艺术中重要的技巧之一，只有掌握了正确的呼吸方法，才能取得良好的沤唱效果。

民族唱法的呼吸原理和西洋唱法基本相同，只是在拼法上有所不同。关于大家所共知的呼吸原理在这里不再累述。下边只谈谈我在教学中的几点体会。

1. 民族民间唱法最好采用胸腹式呼吸方法。这是一种运用胸腔、两肋、隔肌共同控制气息的呼吸方法。这种方法气吸的多吸的深，控制声音和气息的能力强，最适于歌唱。

2. 对于民族唱法，结合练声曲和歌曲练习呼吸最好。

（1）. 由于结合曲调进行练习呼吸，给实际演唱打下了良好的基础，可以避免演唱时用气紧张、僵硬。

（2）. 可以增强学生练习时的兴趣，避免枯燥单调，能提高学习效率，加快课程进度。

（3）. 便于检查学生在练习中的问题和进度情况。当然，结合练声曲和歌曲练习并不排斥单独练习呼吸的方法，教师可根据学生的情况灵活掌握。

3. 加强膈肌，腹肌功能的练习，主要练习他们的灵活性，韧性，弹跳力和对气息的控制力。使发声有呼吸支点。这对民族唱法，扩展音域，解决高音问题将起着十分重要的作用。

关于民族语言和地方风格

一、语言。

在演唱中对于民族风格和地方特点的形成，语言是很重要的。在我国民族传统唱法中对于语言已经总结了一套完整的经验。如大家所熟知的"五音"、"四呼"、十三辙。所谓五音是指唇、舌、齿、牙、喉五个部位出字收声时气流受阻的着力点，传统唱法称之为五音。

(1)、五音。

唇音：(b、p、m、f) 双唇音：坡、民。唇齿音：

飞、满等字着力点在唇。

舌音：(a、t、n、l) 打、得、他、特等字着

力点在舌。

齿音：(Z、C、S) 知、吃、姿、词等字着力

点在齿。

牙音：（j、q、x）家、济、希、期等字着力关在牙。

喉音：（g、k、h）花、喝、活、到等字着力关在喉。

（2）、四呼：

回呼是指韵母（字腹）吐字时气流着力部位和正确的口形。传统唱法称之为四呼，即韵音是"i"、"Y"、"ü"、"u"。口形是齐、开、撮、合。

齐（i）希、衣等字着力关在齿。

开（a）发、花等字着力关在喉。

撮（ü）页、正等字着力关在唇。

合（u）芳、呼等字着力关在满口。

（3）、十三辙：

十三辙即是相同或相近的韵母归类。是研究歌唱喷字、吐字和归韵方法。

十三撤即发花、姑苏、梭波、七斜、依七、（以上撤口不收声）人辰、言前、（收半鼻音）江阳、中东、（收全鼻音）怀来、灰堆、腰茶、油球、（尾音归韵牙别收 i、o、u。）

（4）. 关于收声.

昆族的传统唱法中，每个字都有字头、字腹、字尾，而字尾的收声有二种：

甲. 母音（i、u、o）的收声. 如：

哀、坏、戚、归字字尾音韵"i".

熬、好等音字归韵收"o".

代、走等字尾音归韵收"u".

乙. 字音（n、ng）的收声牙别收到前后鼻音中去，即半鼻音、全鼻音. 如：

温、春、年、秀等字尾音收"n" 将舌尖抵庄上齿腭，收前鼻音（半鼻音）.

阳、飞、英、风等字尾音收"ng"分别发完母音后，将舌抵其职软硬腭收后鼻音（全鼻音）。以上是收声字，另外还有五个单母音是不收声的。如：（a．e．i．o．u．）。

总之，字头、字腹、字尾要紧密结合。训练时注意字头咬的短促有劲。字腹保持母音延长不变形。字尾收的准确分明。这样才能使出字收声清楚完整。

语言是形成声乐上民族风格和地方特点的重要因素，因此，还需要学生掌握本民族本地区的语言，才能使他们的歌唱生动亲切，富有浓厚的民族色彩和生活气息。

我国是一个幅员广大多民族的国家，各省各地的语言都有不同程度的差异。如山东话和普通虽然都是北方话，有许多相同之处，但在

"四声"上仍有一定的区别。如山东的"山"字，普通话是一声(阴平)而山东话是三声(上声)如果按普通话"四声"去唱就倒了字，成了"闪电的闪"字。如"谁不夸俺水甸好"中的"甸"字按方言的音调向下找腔，由装饰音"6"上行到"1"音上，听起来就亲切、婉转、顺耳，也不倒字。又如山东民歌"包楞调"中的红字，普通话是三声而山东话是一声。再如，大家所熟知的歌剧《洪湖赤卫队》王玉珍就是用方言沿唱的，使人感到格外亲近，有浓厚的地方特色。还有黄虹用方言沿唱的云南民歌同样收到非常好的效果。

二. 山东民歌沿唱上的一些特关。

语言是形成民族风格的因素之一，训练学生时还必须让他们掌握各地方民歌沿唱上的一些特殊技巧。山东民歌在沿唱上就有许多特殊的唱法。如舌尖颤音，直音、波音、假声、滑音、颤音、顿音等。下边简略的谈谈这些唱法。

1、舌尖颤音：

这种唱法就是一般所说的（打嘟噜），它的效果犹如珠子落盘之声，多用在衬词上。

如：改编民歌《谁不夸俺公社好》中的一句衬词。

…5·6i—602 76 506 5̇6̇5̇ 6̇4 32 ⁿ1— |…
哎嗨嗨 哎得儿 哎嗨 哟 豪嚎嚎嚎 哎得儿 哎嗨 哟
　　　　↑　　　　　　　　　↑
　　　（舌颤）　　　　　（舌颤）

又如：山东民歌《对花》中的衬词。

…|3·5 6|3·5 6|6·5 3·5|65 53|…
得儿 撒 得儿 撒 吃不咙得儿撒 哟
　↑　　↑　　　　　↑
（舌颤） （舌颤）　　（舌颤）

练"舌颤"时要口腔放松，舌尖轻抵上齿背，用气冲去，振颤舌尖，产生均匀关串的"嘟噜"声。练习时可由低到高，由短到长。舌颤音如掌握自如会给人以轻巧别致，欢快振奋的感觉，对表达歌典的内容和增强地方色彩均起到重要的作用。

2、假声：

假声是指较高的头腔共鸣、声带局部振动所产生的一种声音。它的特点是细、亮、弱，它和真声的宽厚强形成明显的对比。

如、山东民歌《歌唱大生产》：

C=A 0 6 665 | 63 07 | 6765 63 05 | 335 635 | 535 766 |
大家那个 快乐 过 子那个年 开春那个不久 得儿哎嗨

5......
哟　　　　　　　　　(假声)

又如山东民歌《鸯莺啄老鸹》。

$\underline{3\ 3\ 2}$ $\ 3\ \widehat{3\ 2}\ $ $\ 3\ \underline{\widehat{3\ 2}}\ $ $\underline{\widehat{3\ 2}}\ $ $\underline{2\ \widehat{3\ 2}}\ $ $\underline{2\ 0}\ $ $\underline{3\ 3\ 5}$

鸳鸯那 泪洒 纷 纭 哎 — — — — — — 鸳鸯就

（假声）

$\underline{3\ \widehat{3}\ 2}$ $\ \dot{1}\ $ $\underline{2\ \widehat{3}}\ 5\ 6\ $ $\dot{1}\ -\ $ $|\ \cdots\cdots$

泪 纷 纭 睫呼 唉·

练习时需准确的掌握假声的共鸣点，真声部份声带较松弛，换假声时声带突然闭紧，让其局部震动，便可产生假声。

假声的色彩性很强，给人以新颖，独特的感觉。在风趣幽默的山东民歌中运用的最多。

3. 波音:

波音一般是在长音上形成的，是一种有规律的较大幅度上下波动的唱法。

如：山东民歌《唱秧歌》

$\|: \ \underline{2\ \widehat{3\ 2}}\ \underline{3\ \overset{\sim}{\natural 3}\ 3}\ 3\ -\ |\ \cdots\cdots$

桃花 哟~~~~~~

（波音）

15×20＝300　　　山东艺术学院稿纸　（22）

练习时注意波动要流畅自如，并且要有弹跳力。这种唱法大都运用在辽阔、高亢，抒情优美的山东民歌中。

　　4. 直音：

　　直音没有明显的音波，真声成份较强，一般时值也较长。

　　如：山东民歌《喊大嫂》

3 5 5 5 3 | 2 — | 2 — | 3 2 5 i | 2 | 5·6 i i — | …
干戴万古稀　　　千戴万古稀哎呼嗨
　　　　　　　↑　　　　　　　　　↑
　　　　　（直音）　　　　　　（直音）

　　唱直音最重要的是要有充足的气息，加强呼吸支点的控制力，使声音很好的保持住，要求清实明亮。这种唱法多在高昂粗犷的山东民歌中出现。

　　5. 滑音：

一个音进行到某一个音，没有明显的音阶过渡，而是逐渐滑到某一音高上，叫做滑音，滑音又可分上滑、下滑等。

如：山东民歌《赶牛山》

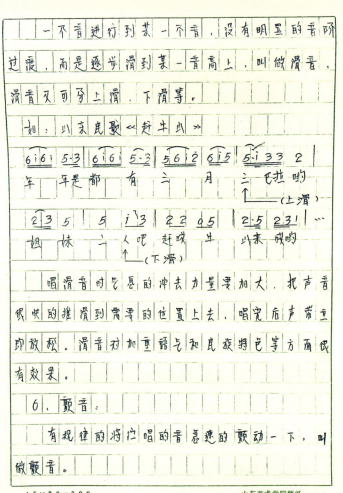

```
 6i6i  5·3 │ 6i6i │ 5·3 │ 56 2 │ 6i5 │ 5·i 33  2 │
 年     年是  都      有     二  月    三  BШ  哟
                                    ↑——（上滑）
```
```
 2 3  5 │ 5  │ i 3 │ 22 05 │ 2·5 │ 2 3 1 │…
 姐 妹    一人 吧 赶哎  牛    山来  哎哟
        ↑——（下滑）
```

唱滑音时气息的冲击力量要加大，把声音很快的推滑到需要的位置上去，唱完后声带立即放松。滑音对加重语气和民族特色等方面很有效果。

6、颤音：

有规律的将所唱的音急速的颤动一下，叫做颤音。

如：山東民歌《摘石榴四季歌》

6 6 3 6 | 1 6 5 ⅜ 5 2 3 0 | ……
春季 哎 里 来 嘹哎喲
　　　　　↑
　　　　　（颤音）

　　演唱时要求声带有灵活性，唱颤音的音头
要有弹性，声带要放松自如。颤音在山東民歌
中，大多表现柔和甜美的感情，因此，要轻巧
不要过重。

　　7．顿音：

　　所谓顿音就是把音特顿起来唱。

　　如：山東民歌《卖饺子》

| 5 5 2 5 | 5 i 5 i 5 3 2 | 2 i 2 | 2 ……
初 一 来 十 一 咬哟咳呀
↑
—（顿音）﹏﹏﹏

　　在练习时，喉头放松，声音要有弹性。音
符唱的要短促。顿音唱法在山東民歌中很多。

15×20＝300　　　　　　山东艺术学院稿纸

（25）

它所表现的情绪，多半是跳跃，欢快的。

在山东民歌中还有特殊唱法，但运用的不太普遍，就不在这里谈了。

各种特殊唱法，要贯串到整个教学过程中，使学生逐步掌握并加以运用。

此外，还必须让学生了解学习地方民间音乐的风格特美。如山东民歌的特美概括起来有三种类型：1，强悍粗犷的。2，风趣幽默的。3，淳朴抒情的。学习其接声乐的学生必须多唱一些山东民歌，以便更好的熟悉山东民歌的风格，这对他们的演唱是极为重要的。

当然，掌握本地区的风格特美，也不排斥学习和演唱其它地区的民歌，外国民歌而具有民族风格的创作歌曲，以丰富自己的曲目，扩大艺术上的视野，提高自己的演唱水平。

15×20=300

注：原稿无27页。

关于歌唱的感情和舞台实践

一、歌唱的感情：

我们对学生进行声乐技巧的训练不是目的而是手段，目的是为了让学生更好的表现声乐作品的内容和感情，塑造完美的音乐形象。因此，必须十分重视学生演唱时的感情训练。

1. 要求学生演唱时必须要有激情和乐感，即便是唱没有词的练声曲也要唱得抑、扬、顿、挫优美动听。

2. 要很好的分析理解作品的词意，准确的表达其思想内容，要有深度，感人肺腑。为了达到此目的，让学生多读一些文学作品，多接触一些其它艺术形式，增加知识，开阔视野。

3. 对作品的音乐部分也要深入分析研究，对它的旋律、节奏、形式等都要很好的分析。

地他们掌握好曲子的风格特点，增强作品的感染力。

　　4.教学中，对学生演唱时的表达必要加以辅导，根据作品的内容，适当加上表情和动作，这有助于演唱者感情的表达，处理恰当，将起到锦上添花的作用，因此，要求学生，必须学好表演，台词，形体，排练等课程。

　　二．舞台实践、

　　对声乐学生来说，舞台实践是极为重要必不可少的一门课程，而且要贯串在学生整个的学习过程中。

　　根据学生的不同情况，组织一定形式的演唱活动，如，刚进校的学生，定期组织汇报演唱会。有一定声乐基础的学生可组织他们到工厂，学校，部队，农村进行演出，以及举行公开音乐会和参加各种音乐活动（广播、电视、会演等），这样做好处很多。首先，使学生逐渐熟悉舞台活动，积累实践经验，为他们将来走上艺术工作岗位打下良好的基础。同时，学生通过舞台实践，能够从观众的反响中了解到自己演唱中的真实情况，肯定发扬自己演唱中的长处；克服其演唱中的不足，这对提高学生的艺术表现力，有很大的促进作用。另外，让学生直接和观众见面，可以得到更多人的有益帮助和批评，也是检验学生学习成绩的最好方法，这对改进我们的教学是十分有益的。

在演出前后，让学生注意如下一些问题：

1．演出前应注意休息，做到精力充沛，嗓音新鲜。

2．演出前一小时，可做简短的发声练习，

并进行轻微的全身活动，以利于歌唱器官的放松自如。

上台前半小时要静下来，默默的将演唱的作品在脑子里过一遍，使思想集中到歌曲中去。

3. 与合作风要朴素大方，严肃认真。对待观众要热情，亲切。思想感情要和观众融合在一起。

4. 演唱时要排除一切杂念，必须充满信心。

5. 对待艺术要精益求精，每次演出后都需要总结经验教训，不断提高自己的艺术水平。

女高音声部的细分类别

在女声演唱中，音域最高的声部称为女高音声部。它的特点是：唱低音区时响度不大，唱中音区时音量也较弱，随着音阶逐级增高，音量逐步增强，到达高音区时，嗓音高亢、明亮、圆润、饱满。

一般声音发展及者未受训练以前的音域，在 1=C 时，大致是 3—4。经过一段训练，大致可达到 1—6。

假如本人素质较好，又经过较严格的长期训练，可以达到 7—i。

女高音根据音质、音色以及表现能力的不同，可以细分为以下四种类型别：

(一) 花腔女高音：中、低音都较弱，高音则嘹亮、轻快、灵活，唱快速的音阶、跳音等经过句，轻巧或跳音和各种又用装饰音，她都独具特色。她的最高音还可高于高音 i 到 2、3 或 4。但这种女高音，在合唱中不太容易与其它声部相融合；独唱则音色显著。

（二）抒情女高音：

低音较弱，中音柔和，唱高音则明亮、轻快，尤尤其富有表达细致感情的能力。除独唱外，还适合于合唱。我国之女高度多为抒情女高音。

（三）戏剧女高音：

低音响亮，中音悦耳，高音雄浑有力，整个声音显得比抒情女高音雄厚。也适合于合唱。

（四）民族唱法女高音：

音域与前三种可以类同，而在吐字，

表现、演唱风格等方面，与民歌、说唱音乐和民间戏曲唱法，都有一定的联系或借鉴。这类女高音，很受群众欢迎。

不同女高音的细分，首先决定于天赋的生理条件，也与学习环境和教师的熏陶有重要关系。各种女高音，对发展和丰富声音艺术，都有广阔的天地，没有高低上下之分；只要违背客观条件，硬去仿模学习又适合于自己的唱法。其中女腔女高音的练习，最好能在老师辅导之下进行。

为便于自学者参考，将各类型适合不同女高音练唱的曲目，举要介绍如下：

（一）花腔女高音：1.赶牛山歌、2.姑娘生来爱唱歌，3.生活这样美好，4.蓝色的多瑙河，5.有位同志最爱笑，6.春天来了，7.夜莺，8.燕子，9.美丽的坎坷尔女郎，10.爱情图于明心。

（二）抒情女高音：1.摇篮曲，2.五月的鲜花，3.铁蹄下的歌女，4.我住长江头，5.玫瑰三愿，6.青春呀青春，7.鳟鱼，8.岩上滴水，9.送上我心头的思念，10.我爱你中国，11.安东尼达的浪漫曲，12.苏尔维格之歌，13.月光颂，14.晴朗的一天。

（三）戏剧女高音：1.槐花几时开，2.玛依拉，3.送我一支玫瑰花，4.孤独的牧羊人。

5.《梭罗河》，6.《小小的礼品》，7.《西波涅》，
8.《早晨》，9.《马儿啊，你慢些走》，10.《黄河怨》，
11.《杰茜斯姑娘》，12.《春潮曲》。

四.民族唱法女高音：1.《小河淌水》，2.《玉哥纺棉》，

3.《情深缘长》，4.《茉莉花》，5.《永远和你在一道》，
6.《我们的生活充满阳光》，7.《边疆的泉水
清又纯》，8.《洁白羽毛寄深情》，9.《采茶舞曲》，
10.《大海一样的深情》，11.《我爱梅园梅》，
12.《老房东"查铺"》，13.《一道道水来一道道山》，
14.《奋斗天下劳苦人民都解放》，15.《我为共产主义
把青春贡献》等。

这里要说明一下：有些歌曲可以严
格区分，但有些歌曲不是那么容易区分，
也不能硬性区分的；所以，上列曲目，
只供参考。

每日发声练习条

声乐练习,记便是练习和掌握它的特定技术:根据本人现有的条件,将又习惯的动作和运用习惯起来,将又不确的动作和运用改过来,必须经过长时间的锻炼和重陶,最好坚持每日作发声和歌唱练习一次到三次.每次时间又易过长,一般取短于30分钟,又长于100分钟。每次先作发声练习,然而练习演唱歌曲.

下述十条发声练习，主要是供自学者参考的，可根据每个人又同情况选择练习。切又可认为练习"简单"而轻视、放松。

一、

凡初学者，可先选用第一条至第三条练习。主要是先限于中声区——即先从没有经过训练就能唱示两自的声区来作练习。在1=C的音调内，约先在2—2的范围内，半音半音地向上移动。

第一条：(a) 闭口哼唱，以锻练呼吸。
控制气息，掌握共鸣。

(a) 在哼唱的感觉上作 n 发声练习，目的同上。
声音柔和、圆润、优美。

(c) 3° 20 10 | 3° 20 i ‖

mi mi mi ma ma ma

呀 呀 呀 呀 呀 呀

换气练习，要做到音段的气过断，声音
有弹性。每半个音为换气，唱音，横膈
膜应稍微推动一下，最后一音唱长音。

(d) $\overset{\frown}{3\ 2}$ | | $\overset{\frown}{3\ 2}$ i ‖

mi mi mi ma ma ma   每一小节断音，

mi —   ma —   稍强（如换音唱法则
ma —   ma —   出入时还宽），而后
呀 —   呀 —   音(2 1)尽可能和、
呀 —   呀 —   圆润、更美，音量

由小变大，但要站住变，
又能随之往下慢动。

第二条：

(a) 1 2 3 | 3 2 '| 1 2 3 | 3 2 '||
   mi   ma   mi   ma

(b) 1 2 3 | 3 2 '| 2 3 4 | 4 3 2 | 3 4 5 |
   mi   mi   ma   ma   mi
   mi   ma   mi   ma   mi

5 4 3 '| 1 2 3 | 3 2 '||
mi   ma   ma
ma   mi   ma

　这是连音唱法练习，要求唱得柔和、明亮、圆润、连贯。先练每小节换气一次（补进一部分气即可），后练每两小节换气一次。从 mi、ma 母音(韵母)转换时，通过共同韵"衣"圆滑地带过去，声音要求匀谐统一。

第三条：

(a) 5 - - - | 5 - - - || 是唱长音的练习：快速
　　mo
吸气，而后慢速演唱，最少唱足八拍，可延长至十二拍。先唱中强(mf)、中弱(mp)力度，经过一段练习逐渐唱 f、p 和 ff、pp 等力度。目的同第一条。

(b) 5 5 5 5 | 5 5 5 - ‖

a e i o u ü a
　e i o u ü a e
　　i o u ü a e i
　　　o u ü a e i o
　　　　u ü a e i o u
　　　　　ü a e i o u ü

这是在唱长音的基础上演唱各种母音（韵母）的练习。各个母音要求唱得清楚正确，从一个母音唱到另一个母音，声音要连贯统一，不能发生裂痕，歌唱器官内部状态和共鸣位置基本不变。也可在母音前加子音来练习，如加 l、d、n 唱成啦（La）、大（da）、纳（na）等。

　　(a) 和 (b) 都可半音半音地向上或向下移动练习，以扩展音域。

二.

凡稍有水平,或对自然声域的训练,已经过半年左右的巩固和提高,可开始第四条至第六条练习。要求除进一步巩固自然声域的声音以外,可根据各人不同情况,在1＝C调时,在1—4的范围内,作半音半音地向上或向下逐步扩大音域练习。

(a) 5 3 | 5 3 i ‖ 闭n哼,要求同
　　 m　　　　　　　　第一条(a).

(b) 5 3 | 5 3 i ‖ 开n弱唱,要求同
　　 mi　　　ma　　　第一条(b).

(c) 5○ 3○ 1○ | 5○ 3○ i○ 顿音练习,
　　 mi mi mi ma ma ma　要求同第一条(c).
　　 ma ma ma mi mi mi
　　 嗷 、 、 呀 嘻 、

(d) 5 3 | 5 3 ǐ ‖

mi   ma   连音练习，第一音

ma   mi   稍加强，要求同

嗷   呀   第一条 (d)。

列   挼

第五条：

(a) 5̲1̲   3̲5̲ | 6̲5̲   3̲1̲ | 6̲4̲   3̲2̲ | î - ‖

mi   ma   mi   mo

啊   呀呀   呀   呀

(b) 5̲4̲   3̲2̲ | 1̲2̲   3̲4̲ | 5̲4̲3̲2̲   1̲2̲3̲4̲ | î - ‖

呀呀   啊   呀   呀

mi   ma   mi   ma

(c) 1̲2̲3̲4̲   5̲0̲ | 5̲4̲3̲2̲   1̲0̲ | 1̲2̲3̲4̲   5̲4̲3̲2̲ | î - ‖

mi io   mi   ia   mi   io   mi

     a、b、c 都属连音练习。声音子和水克亲和，

会都来有退支持。

第二条:

(1) 1. 5 - - - | 5 - - - | 5 - - - ‖

(2) 2. 5 - - - | 5 - - - | 5 - - - ‖

(3) 3. 5 - - - | 5 - - - | 5 - - - ‖

(4) 4. 5 - - - | 5 - - - | 5 - - - ‖

(5) 5 - | 5 - | 5 - | 5 - | 5 - | 5 - ‖

(4)与第三条(1)的文求同,吹以慢呼,练唱新强和渐弱而长音。

(5)与第三条(5)的文求同。只是每一音而时值较长,同时可加力度变化(渐强,渐弱也如同半音)。所有(半音)的主题控制的练习。

三

在上述三条练习的基础上逐步作一些较难的练习，并进一步扩大音域，上C调时，可在 7—6 范围内练习，甚至于可高到 5、i 练习.

第七条

(a) 1 3 5 i | 5 3 i — ‖

啊 —

咿 哪 —

此条练习，除扩大音域外，又要进一步巩固气息支持，要求声音圆润，明亮，兼有头腔和胸腔低声区的共鸣，换声区时不能够"裂缝".

(b) 1 3 5 i | 3 i | 5 3 | i — — — ‖

啊 —

啦， 啊 喝

第八条：

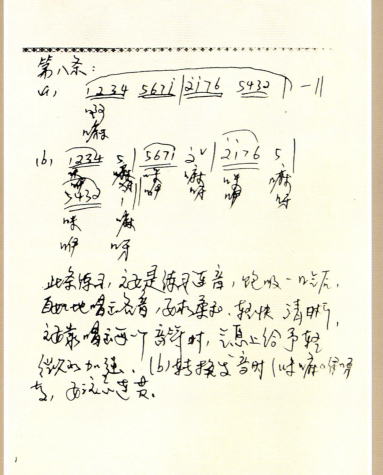

此条旋律，2它是快月连音，饱吸一口气。
自如地唱完各音，的本集和，轻快、清晰，
3a亲唱到两个音节时，适息上给予轻
微加速。(b)转换字音时(味嘛咪呀
呀，有流心至黄。

第九条

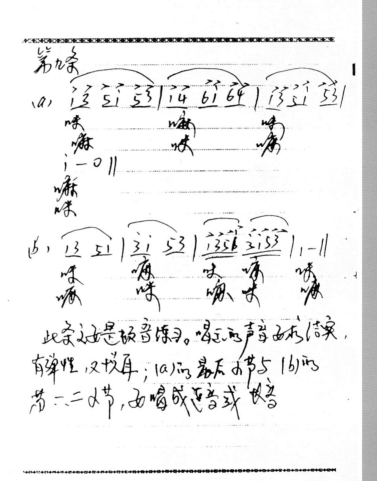

此条又是颤音练习。喉、舌两声要交替读，有弹性，又快又轻；(a)两条左右小节与(b)两条一、二小节，也唱成语音或快读。

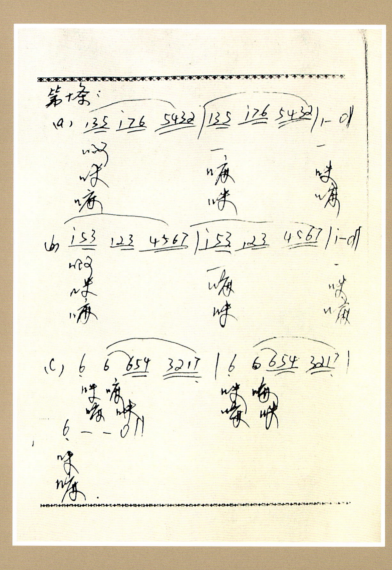

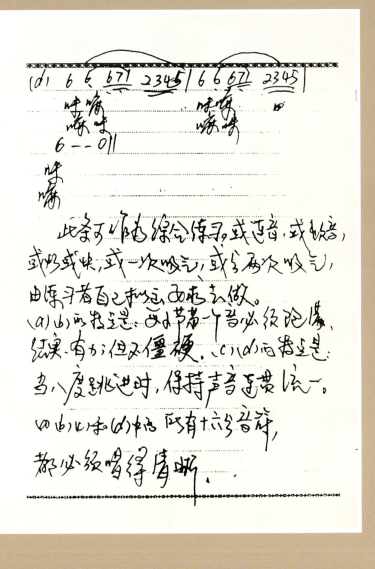

此条可作为综合练习，或连音，或断音，或快或慢，或一次吸气，或分两次吸气，由练习者自己相适而来去做。
(a)(b)两者主是：每d节第一个音必须饱满，结实，有力但又僵硬。(c)(d)两者主是：当八度跳进时，保持声音连贯统一。
(a)(b)(c)和(d)中 所有十六分音符，都必须唱得清晰。

大声歌唱会损害轻声歌唱的发展，
会妨碍咬字连音和句法和音调的连贯，并最
终毁掉声音的本身。

用无声的呼吸把喉咙放松。
发音准确而字汇必中。
象打哈欠般地唱着咬字。
呼唤吸就是气息情绪互激动。
发声有劳紧密的活动而协调。
常对着镜及细心练习。

歌唱的共鸣作用而适当强调
以情开面微笑，半露上牙
舌松软，靠前盖，放才合下巴。
身体姿态而健康正确，
脑要保持昂起又肩塌下。

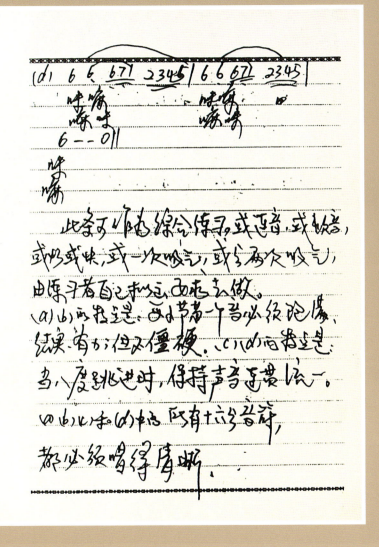

(d) 6 5 $\underline{671}$ $\underline{2345}$ | 6 6 $\underline{671}$ $\underline{2345}$ |
嘛嘛　　　　嘛嘛
嘛嘛　　　　嘛嘛

$6 -- 0$ ||
嘛
嘛

　　此条可作为综合练习，或连音，或顿音，或快或慢，或一次呼气，或分两次呼气，由练习者自己规定而后去做。

（a）此两条是：要求每一个音必须吸气、结实、有力，但又僵硬。（c）此两条是：当八度跳进时，保持声音连贯统一。

（d）由此可作（d）中所有十六多音符，都必须唱得清晰。

大声歌唱会损害轻声歌唱的发展，会损伤嗓音的句法和音调的连贯，并最终毁掉声音的本身。

用无声的呼吸把喉咙放松。

发音准确而字泡心中。

象打哈欠般地唱着咬字。

呼喊吸就是情绪上激动。

发声有共鸣器的活动协调。

常常对着镜子细心练习。

歌唱的共鸣作用而适当强调，

以情开，面微笑，半露上牙，

舌松软，靠前齿，放松下巴，

身体姿态而健康正确，

脑腔保持松起又闭塔下。

未曾出声先想到[字]的读音

唱字时应当把声音保持住

让声音而集中、响些而素到.

这保持的作用也[就是]...

[使]放松嗓门才能唱得好,

一字一句都在状态去念情.

声音本是由思想来控制,

唱歌要着重在咬字而念意而表情.

对歌唱者来说，运气而无法去对这毫于收气，
而运为她声音挤出来。_____是错误的

———— 伦安的格

要做到是收着唱完一句而呼气就行了，
只需要这呼吸，具体实践将证明这一点。

———— 兰佩蒂

对于一个无乐句收了过而呼气和对一个长
乐句收过短呼气同样是错误的。

———— 马宁·开尔

呼吸的控制意味着对气息而预计，
以使气息恰当地用于歌唱而音

———— 波克尔

我劝告你在任何乎最大的注意而又是收气
而不是对用气而预计。———— 锦鬓·辛兹

"喊乘的饱暖,又简变得么正确,把啤
都哼坏了.今天我们一们况的峰等哼酿
许多人听了,觉得有破吧,很有挂走,
哪里知道,这样的啤日皆是危峰也
哼以找事的,

附　录

王音旋先生生平大事记

彭　丽

1936 年（1 岁）

1 月 10 日，农历腊月十六，王音旋出生于山东青州西北部的东高镇小营村，现归属青州市益都街道。原名王秀兰，父亲王仲源，母亲孙爱莲。父亲曾是青州益都师范学校的教师，1938 年和她的叔叔一起参加了中国共产党的抗日武装，曾担任部队某军需部门的负责人，叔叔则锻炼成了革命队伍中的一名机枪手。王秀兰兄弟姊妹四人，秀兰行二。姐姐王秀云，1947 年参军，中共党员，后任上海音乐学院声乐教授；弟弟王光德，在平度师范教书，后在潍坊第五中学任教；弟弟王光明，曾跟随姐姐王音旋在济南念中学，中共党员，后在北海舰队任职。

1939 年（3 岁）

父亲王仲源参加八路军后不久，所在部队与日军激烈交战，一时生死不明。而王音旋的家又处在当时的敌占区，万般无奈，在奶奶离世后，母亲便带着她和姐姐王秀云、弟弟王光德沿途乞讨，找寻失去联系许久的父亲。此一去，便是五年的光景。

在这段度日如年的岁月里，因苦于生计，王音旋被送给一户人家收养。一个月后，那户人家听说她是八路军的孩子，怕受牵连又将她送了回来。

1945 年（9 岁）

王音旋终于在渤海军区驻地"八大组"［即现在的垦利县永安镇，

曾驻扎着中共清河区（渤海区）党政军机关及后勤兵工厂等单位，是渤海平原抗日根据地的中心，当时人们称这里为"垦区延安"]找到了父亲。4月，王音旋被安排在军需烈士子弟学校学习。

1948 年（12 岁）

11月，小学毕业后，在父辈和姐姐的影响下，参加中国人民解放军，成为当时渤海军区文工团的一名团员，从此开始了她的革命文艺生涯。在部队的几年间，除了演唱，她还曾在渤海军区文工团乐队兼任打击乐手，有时还要拉胡琴。

1949 年（13 岁）

10月，加入中国共产主义青年团。

1950 年（14 岁）

4月，调入山东军区政治部文工团，担任独唱演员。因歌声清亮动听，深受官兵们喜爱，遂接受了部队领导的建议，正式改名为"音旋"，取其音色旋转动听之意。

益都县人民政府将一面"一门三英"锦旗送到王音旋家，此锦旗现存青州博物馆。[①]

① 据王音旋的姐姐王秀云、弟弟王光明回忆。参见逄春阶、王新蕾《扎根沃土的大写者》，《大众日报》2013 年 10 月 18 日第 17 版。

1951 年（15 岁）

立四等功一次，由山东军区政治部文工团党委批准。

1952 年（16 岁）

立三等功一次，由山东军区政治部协理处批准。

1953 年（17 岁）

年初，随山东省军区政治部文工团代表华东军区赴朝鲜慰问中国人民志愿军，为战士们演唱《我是一个朝鲜姑娘》《血海深仇一百年》《冰冻三尺，不是一日之寒》等歌曲鼓舞斗志，被称为"军中百灵"。

2—12 月，赴天津音乐学院进修，学习声乐演唱。

12 月，调入济南军区前卫文工团，任独唱演员。

1956 年（20 岁）

3 月，作为代表，参加济南市人民代表大会。

8 月，在上海声乐研究所学习一年，至 1957 年 8 月。

1957 年（21 岁）

6 月，与金西同志正式结为伴侣。

8 月，由上海回济南，在济南军区前卫歌舞团担任独唱演员。

1958 年（22 岁）

8 月，从部队转业到地方工作。在山东省歌舞团担任独唱演员。

1960 年（24 岁）

7 月，与丈夫金西一起代表山东出席全国职工文艺会演。

1963 年（27 岁）

1 月，被派往上海音乐学院学习声乐演唱，至同年 9 月。回到省歌舞团后，担任声乐组组长。

1964 年（28 岁）

5 月，由山东省歌舞团调入山东艺术专科学校（现山东艺术学院），担任音乐系声乐教研室声乐专业课教学工作。她把宝贵的演唱经验毫无保留地传授给她的学生们，许多学生都曾代表山东参加全国声乐比赛，获得了优异的成绩，部分学生成为中国著名歌唱家，为音乐事业的发展做出了突出贡献。

8 月，去烟台参加全国少数民族声乐教学经验交流会。

1965 年（29 岁）

演唱歌曲《我的家乡沂蒙山》收入由中国唱片社发行的密纹唱片《我的家乡沂蒙山——1964 年山东省群众歌舞会演节目选》（编号 XM-994）。

1966 年（30 岁）

1 月，经傅钊凡、孙继南介绍，加入中国共产党。

1973 年（37 岁）

与徐青茹一起作为声乐指导，到大明湖、千佛山等地参与表演、录音、录像等工作。

1977 年（41 岁）

3 月，彭丽媛以优异的成绩考入山东省五七艺术学校中专部，跟随王音旋开始了三年的声乐专业学习。从专业教学到日常生活，在朝夕相处中王音旋与彭丽媛建立起了深厚的师生之情。

1978 年（42 岁）

2 月，王音旋被山东省五七艺术学校评为先进工作者。

1979 年（43 岁）

8 月，担任山东艺术学院音乐系声乐教研组组长。

本年度，王音旋带着彭丽媛去淄博参加全省民歌会演。在这次会演中，彭丽媛脱颖而出，她演唱的淄博民歌《赶牛山》令观众耳目一新，受到观众的热烈欢迎。

1980 年（44 岁）

4 月，陪同彭丽媛代表山东赴北京参加全国民歌会演。其间彭丽媛演唱的《清蓝蓝的河》《微山湖荡起采莲船》，以及山东民歌《包楞调》《小二姐做媳妇》等歌曲轰动北京。

7 月，第四次山东省文代会在济南珍珠泉礼堂召开。中国音乐家协会山东分会相继召开第二次代表大会，王音旋被选为常务理事。

10 月，作为历下区人大代表，参加历下区人代会。

同年，担任山东艺术学院音乐系副主任。学生罗余瑛开始跟随王音旋学习声乐。在她的培养下，罗余瑛在 1984 年获得首届山东省青年歌手电视大赛第一名。

1982 年（46 岁）

由中国唱片社发行的密纹唱片《我的家乡沂蒙山——王音旋（女高音）独唱》（编号 M-2841），共收录了王音旋演唱的 9 首歌曲。

同年，由中国唱片社发行了王音旋（女高音）独唱专辑《我的家乡沂蒙山》盒式磁带（编号 HL-99），共收录了王音旋演唱的 19 首歌曲。

1983 年（47 岁）

由中国唱片社发行的《沂蒙山小调——山东民歌选辑》盒式磁带（编号 HL-148），收录了王音旋演唱的山东民歌 11 首。

1985 年（49 岁）

4 月，作为正式代表，参加全国音乐界代表大会。

在一次会演中，作为县城文工团演员的韩光霞得到王音旋的认可，有机会来到济南，成为其学生。

6 月，论文《关于民族声乐教学的几点体会》发表于《齐鲁艺苑》。

1986 年（50 岁）

春节期间，在家务农的贾堂霞在济南市歌咏比赛中唱了一首《唱唱俺唐王大白菜》，脱颖而出。王音旋并不是这次比赛的评委老师，而是从其他人那里听说了贾堂霞，便收她为学生。贾堂霞成为王音旋的一名校外学生，现在中央民族大学附中工作。

5 月，王音旋带着王世慧、罗余瑛、贾堂霞等学生，代表山东到上海参加华东六省一市民歌会演，从歌曲的演唱、表演到化妆打扮，都处处关心，亲力亲为。在这次会演中，王世慧获专业组一等奖第一名，罗余瑛获专业组三等奖，贾堂霞获业余组第三名，为山东民歌的推广做出了重要贡献。

11 月，被收入《中国歌坛人物》。

1988 年（52 岁）

3 月，作为代表，参加山东省第五次文代会。

被文化部授予"文艺拔尖人才"荣誉称号。

8 月 14 日至 16 日，中国音乐家协会山东分会在济南召开第三次代表大会，王音旋被推举为副主席。时任山东省文联副主席的金西不同意自己爱人担任此职务，后经当时的山东省音乐家协会副秘书长张桂林的争取，金西做出让步，条件是王音旋不能参与具体事务。因此，王音旋仅仅是以自己的影响力，在山东省音乐家协会挂了一个虚职，并未做实质性工作。

1989 年（53 岁）

8月，撰写的《我和彭丽媛》一文，载于山东省文联编写的《山东文坛纪事：四十年历程中的回忆》，由山东文艺出版社 1989 年 8月出版。文章记录了王音旋对歌唱家彭丽媛 20 世纪 70 年代在山东艺术学院学习期间的教学体会和感受，以及当时的教学计划、训练方法，同时记录了彭丽媛在早期声乐学习时的突出表现与成长历程。

8 月 24 日，潍坊市歌舞团聘请王音旋为高级艺术顾问。

10 月 19 日，因在文化艺术工作中贡献突出，王音旋获山东省人民政府通令嘉奖。

1990 年（54 岁）

10 月，受聘全国农民歌手邀请赛评奖委员会委员。

10 月 10 日，中国音乐家协会山东分会授予王音旋从业四十年荣誉证书。

1991 年（55 岁）

11 月，获文化部、人事部联合授予的全国文化系统先进工作者称号。

1993 年（57 岁）

10 月 8 日，为了表彰王音旋在文化艺术工作中所做的突出贡献，国务院为其发放政府特殊津贴并颁发证书。

10 月，论文《在民族声乐教学中运用"咽音"解决学生的难点》发表于《齐鲁艺苑》。

1994 年（58 岁）

12 月 27 日至 28 日，按照山东省委宣传部和山东省文联的工作部署，在济南召开山东省音乐家协会第四次代表大会，王音旋继续担任副主席。

1996 年（60 岁）

离休。仍坚持辅导学生，满心期望将自己的民族声乐演唱经验毫无保留地传授给年青一代。

2000 年（64 岁）

10 月 31 日，爱人金西病逝。王音旋着手编辑《金西创作歌曲集》。

2002 年（66 岁）

学生、著名歌唱家彭丽媛受聘为山东艺术学院客座教授，王音旋参加受聘仪式。

2003 年（67 岁）

10 月，在省委宣传部和省文联党组的统一安排下，山东省音乐家协会第五次代表大会召开，王音旋被推举为顾问。

2004 年（68 岁）

年底，因病停止教学工作。

同年，由星文唱片发行、中国唱片总公司录制的《20 世纪中华歌坛名人百集珍藏版》陆续发行完成。此套专辑《民族歌坛名人 1》合集中，收录了王音旋演唱的《受苦人拿枪闹革命》和《我的家乡沂蒙山》两首歌曲。

2007 年（71 岁）

本年度，坚持指导学生进行山东民歌的传承和传播。

6 月，由王音旋整理的《金西创作歌曲集》（含光盘）出版。该曲集"前言"对金西的生平做了简要介绍，对作为传统音乐学家、群众文化音乐文化学者的金西所做出的贡献做了详细梳理，尤其对作为作曲家的金西的创作观念、创作基础、创作学习等各个方面均有所评价。曲集中共收录了金西创作的最具代表性的 49 首歌曲，其中 47 首采用五线谱记谱，并编配了钢琴伴奏，另附简谱；另外两首《百花朝阳坡坡开》（鲁克然词，周冰改词，金西、星学曲）和《迎新曲》（张希武词，金西曲），附于简谱部分。

暑假期间，王音旋因糖尿病并发症腿肿严重而住院，彭丽媛得知后，将其接到北京的医院接受治疗。

2008 年（72 岁）

参加山东艺术学院建校 50 周年活动。

2013 年（77 岁）

10 月 12 日 7 时 27 分于济南逝世，享年 77 岁。

凝固的是光荣且珍贵的照片与画面，凝聚的是闳约深美的山艺精神，凝练的是对后辈深情的殷殷嘱咐，凝结的是一颗颗饱满的民族声乐发展道路上的累累硕果！

一曲苦菜悲与喜，几阕沂蒙咏新天。齐歌鲁韵燃红烛，化得新声满山川。

王音旋先生为祖国和人民而纵情放歌，为传承传统文化、培养艺术人才而躬耕于教育事业，上下求索"中国好声音"，终其一生而不懈。其精神将激励一代代后人，内化于其心，外显于其歌行，为民族复兴道路上的文化发展做出贡献！

图书在版编目（CIP）数据

王音旋纪念文集: 全4卷 / 刘晓静主编. — 北京:
文化艺术出版社, 2023.9
ISBN 978-7-5039-7487-8

Ⅰ.①王… Ⅱ.①刘… Ⅲ.①王音旋—纪念文集
Ⅳ.①K825.76-53

中国国家版本馆CIP数据核字（2023）第160977号

王音旋纪念文集（全4卷）

主　　编　刘晓静
责任编辑　董良敏　廖小芳　谷　欢　袁可华　赵明智
责任校对　董　斌
书籍设计　李　响
出版发行　文化艺术出版社
地　　址　北京市东城区东四八条52号（100700）
网　　址　www.caaph.com
电子邮箱　s@caaph.com
电　　话　（010）84057666（总编室）　84057667（办公室）
　　　　　　　　　　84057696—84057699（发行部）
传　　真　（010）84057660（总编室）　84057670（办公室）
　　　　　　　　　　84057690（发行部）
经　　销　新华书店
印　　刷　北京雅昌艺术印刷有限公司
版　　次　2023年12月第1版
印　　次　2023年12月第1次印刷
开　　本　710毫米×1000毫米　1/16
印　　张　74.75
字　　数　820千字
书　　号　ISBN 978-7-5039-7487-8
定　　价　568.00元（全4卷）